BIBLIOTHÈQUE ANECDOTIQUE DES FAMILLES

HISTOIRES

ET

ANECDOTES

DES TEMPS PRÉSENTS

recueillies et mises en ordre

PAR

M. G. DE CADOUDAL

PARIS

NOUVELLE LIBRAIRIE D'ÉDUCATION

VICTOR SARLIT, LIBRAIRE-ÉDITEUR

RUE SAINT-SULPICE, 25

BIBLIOTHÈQUE ANECDOTIQUE

DES FAMILLES

PROPRIÉTÉ DU LIBRAIRE-ÉDITEUR

MÊME LIBRAIRIE.

DU MÊME AUTEUR

Faits et Récits contemporains, nouveau recueil anecdotique. 1 vol. in-12...................... 1 fr. 25

Scènes historiques, Chroniques et Légendes, *Ribodeau, le Clerc guerrier, le Droit d'aînesse, un Miracle au Saint-Sépulcre, etc.*, par LEGLÈRE D'AUBIGNY, avec une introduction par G. DE CADOUDAL. 1 vol. in-12... 1 fr. 25

Honnêtes facéties et menus propos. 1 vol. in-12.
1 fr. 25

Esquisses morales, historiques et littéraires, souvenirs de quinze années. 1 vol. in-18 jésus...... 3 fr.

Corbeil, typ. et stér. de Crété.

HISTOIRES

ET

ANECDOTES

DES TEMPS PRÉSENTS

recueillies et mises en ordre

PAR

M. G. DE CADOUDAL

PARIS

VICTOR SARLIT, LIBRAIRE-ÉDITEUR

RUE SAINT-SULPICE, 25.

1863

HISTOIRES
ET
ANECDOTES
DU TEMPS PRÉSENT.

I

CHARITÉ EN ACTION

LE GÉNÉRAL ET LES PETITES SŒURS.

Les Petites Sœurs des pauvres qui se fourent partout et se multiplient à un degré qui ne laisserait pas de m'inquiéter si j'étais philanthrope et libre penseur, les Petites Sœurs, dis-je, viennent d'établir à P*** une maison de refuge pour les vieillards. Mais elle est encore à ses débuts, c'est dire qu'elle est bien modeste et bien pauvre. Il y a quelques jours, les besoins étaient même devenus si impérieux et si pressants, que le journal de la localité crut devoir réclamer en leur faveur les secours de la charité publique. On va voir qu'ils ne se firent pas attendre.

Dès le lendemain un brillant équipage s'arrête devant leur maison ; deux personnes en descendent, un homme d'une taille élevée, dont la tenue et la démarche indiquent l'habitude de l'uniforme et du commandement, puis une dame dont la physionomie respire la grâce et la bonté. Les visiteurs veulent juger par eux-mêmes de l'étendue des besoins. Voici le réfectoire ; il n'y a pas de luxe, la propreté en tient lieu. Chaque vieillard a cependant son couvert, son couteau, sa timbale, dont le métal brille comme l'argent ; c'est à l'ingénieuse charité d'une noble étrangère qu'ils doivent ce confortable. Plus loin se présente le dortoir, bien aéré, bien chaud, garni d'excellentes couchettes. Ici encore la propreté brille, mais on voit à quel prix. Des serviettes des chemises, des draps de lit, d'autant plus souvent lavés que la lingerie est plus pauvre, sèchent sur des perches dans le dortoir, car la pluie ne permet pas de les étendre au dehors.

« Il vous manque un séchoir, ma bonne sœur, dit l'étranger.

— Sans doute, monsieur, cette humidité n'est pas très-saine pour nos pauvres ; mais nous avons un travail bien plus pressé à entreprendre.

— Lequel ?

— Une infirmerie pour les femmes !

— Et votre dortoir à vous, ma sœur, montrez-nous-le donc ?

— Le voici.

— Quoi ! cette espèce de soupente sous le toit, ouverte à la pluie et à tous les vents ! Si vous couchez tout l'hiver dans ce réduit glacial, vous tomberez malades, et alors qui soignera vos pauvres ? »
Le visiteur s'afflige d'un pareil dénûment ; les Petites Sœurs ont beaucoup fait déjà ; mais il leur reste beaucoup à faire.

« Savez-vous qu'il vous faudra plusieurs milliers de francs pour tous ces travaux ? Sur quelles ressources comptez-vous donc, ma sœur ?

— Sur la Providence, qui jusqu'à ce jour ne nous a pas abandonnées.

— La Providence ! C'est bientôt dit ! »

Puis, après avoir échangé un regard avec sa compagne :

« Eh bien, soit ! c'est nous qui serons la Providence. »

Ces deux visiteurs étaient le général J. et sa femme. Dès le lendemain le général revenait accompagné d'un architecte pour faire un plan et dresser un devis.

Quand on veut toucher à un vieux bâtiment, une réparation en entraîne une autre. Ce n'est pas seulement le dortoir des sœurs qui est insuffisant, la cuisine délabrée est trop exiguë pour un nombreux personnel ; l'appentis de l'ânesse aux provisions tombe en ruines. L'entreprise sera bien plus coûteuse qu'elle ne paraissait l'être de prime abord. N'importe, le général s'est adjugé le mandat de la Providence ; il n'en aura pas le démenti. Dans peu de jours on mettra la main à l'œuvre, et pendant que les nobles bienfaiteurs ouvriront leurs salons aux notabilités de la ville de Pau, l'asile des vieillards indigents priera pour eux.

HISTOIRE D'UN GROS SOU.

Le petit Clément avait récité à son grand-père trois pages de son catéchisme sans faire une faute, et il avait écouté avec attention tout ce qu'on lui avait dit ce jour-là sur les précieux avantages de l'aumône. Il obtint donc la récompense qui lui avait été promise, UN GROS SOU dont il pouvait disposer à sa volonté. Le sou qu'il reçut était ce que l'on appelle UN SOU DE CLOCHE. S'il avait l'avantage de représenter la face du bon roi Louis XVI, le métal en était altéré, crevassé, l'empreinte en était déjà fort usée, enfin c'était un très-vilain sou. Preuve entre mille, qu'il faut employer chaque chose à l'usage auquel elle est propre ; car de fort bonnes cloches fondues pour en faire de la monnaie ont donné les plus mauvais sous que l'on ait jamais vus. Mais enfin le gros sou de Clément avait bien cours pour *dix centimes*, et l'enfant pouvait librement disposer de ce capital. Dix centimes, c'est quelque chose pour un enfant de six ans, surtout quand ses parents ont pour principe de satisfaire tous ses désirs raisonnables, mais de ne pas lui donner d'argent avant qu'il soit parvenu à l'âge de raison, méthode fort sage, soit dit en passant ; car donner de l'argent à un enfant, c'est lui donner la liberté de faire momentanément toutes les sottises imaginables.

Clément, embarrassé de sa richesse, songeait à l'emploi qu'il en pourrait faire. D'abord il eut idée d'acheter un chausson de pâte. Il avait vingt fois demandé à sa mère de lui donner cette grossière pâtisserie ; elle s'y était toujours refusée et avait substitué au chausson des gâteaux beaucoup plus chers qu'elle prenait chez un pâtissier. Heureusement Clément n'avait pas alors grand appétit ; il songea que s'il achetait des billes ou des images, il pourrait s'en amuser longtemps, mais il réfléchit bientôt que jamais sa mère ne lui en avait refusé quand il en avait demandé. En ce moment vint à passer une marchande de noisettes, et comme c'était là une friandise ou un jouet qu'on ne lui avait pas donné toutes les fois qui l'avait désiré, il se détermina à sa première sortie à faire l'acquisition d'un litron de noisettes.

Après le dîner, la bonne de Clément le conduisit ainsi que sa sœur au Luxembourg pour y faire leur promenade accoutumée et y attendre leur mère qui devait les rejoindre un peu plus tard. En passant devant les marchandes qui se tiennent près de la grille du Luxembourg, le petit garçon lorgna les noisettes et tira à moitié son gros sou qu'il tenait à poing fermé au fond de sa poche, mais la bonne n'aurait pas permis que l'on achetât quelque chose en sortant de table, et Clément se promit bien de revenir un peu plus tard en jouant avec ses petits camarades.

Après avoir fait quelques tours dans le jardin, la bonne ayant conduit les enfants dans une partie très-peu fréquentée (du côté de la rue d'Enfer), Clément vit un petit garçon de dix ans à peu près, vêtu simplement, qui était assis sur un banc et pleurait à chaudes larmes. Auprès de lui étaient deux ou trois des petits camarades de Clément dont le plus grand lui adressait quelques mots de consolation. Clément quitta sa bonne, s'approcha du groupe et s'adressant à celui qui venait de parler au petit malheureux : « Qu'a-t-il donc, demanda-t-il, et pourquoi est-ce qu'il pleure si fort? — Ce n'est pas sans raison, répondit celui-ci, il craint d'être bien battu ; il a un maître qui lui fait faire des commissions, et en revenant de lui acheter quelque chose il a perdu de l'argent. — Ah ! mon Dieu, dit Clément en approchant du

petit garçon, craignez-vous vraiment d'être battu ?
— Bien certainement, *monsieur*. — Mais avez-vous perdu beaucoup d'argent ? — Ah ! j'ai perdu deux sous, et il y a huit jours, pour moins que cela j'ai reçu bien des coups. — Deux sous ! deux sous ! » dit Clément, et il porta la main à sa poche, mais en même temps il jeta par hasard les yeux sur la marchande qui se trouvait à la grille de la rue d'Enfer et il hésita. « Ah ! c'est bien dur d'être battu, » continua l'enfant qui pleurait. Clément fut touché de pitié, il pensa à ce qu'on lui avait dit sur le bienfait de l'aumône et il n'hésita plus ; tout en voyant la grandeur du sacrifice qu'il faisait, il mit les deux sous dans la main du petit malheureux et se sauva vers sa bonne.

C'était vraiment là une bonne action et le mérite de l'aumône était bien réel, car en donnant ses deux sous il croyait se priver d'un bien grand plaisir.

Cette aumône ainsi faite devait avoir de grands résultats.

Le petit garçon en rentrant au magasin va rendre ses comptes et il trouve qu'il a deux sous de trop ; il n'avait réellement rien perdu, il avait seulement mal compté son argent. Il est obligé de dire ce qui s'est passé, et son maître, ému par ce récit et peut-être repentant de sa sévérité passée, lui donne un emploi supérieur qui va améliorer sa position et avancer sa carrière.

Ce maître, homme juste et honnête quoique peu riche, veut que ce même gros sou ne soit pas détourné de sa destination et va le donner à titre d'aumône à un voisin, pauvre honteux qui lui avoue que c'est le seul secours qu'il ait reçu de la journée et que sans cette charitable visite il se serait couché sans manger.

Ce pauvre court promptement en effet chez une voisine qui n'était guère plus riche et qui dans une échoppe vendait en détail du pain bis et quelques aliments de très-bas prix. Il trouve la marchande en discussion avec un homme de mauvaise mine ; c'est lui qui est chargé de recevoir tous les trois jours le loyer de cette échoppe et de quelques autres appartenant à un même propriétaire. Le loyer de la marchande est de dix sous par jour, elle a à payer trente sous ; le receveur les exige rigoureusement ou il va chercher l'huissier qui demeure à côté, car il veut donner cette échoppe à une autre femme qu'il protége ; la marchande n'a que vingt-huit sous et les deux sous du pauvre viennent compléter la somme demandée.

Mais, nouvelle exigence ; le receveur veut une pièce blanche. Le pauvre court bien vite la chercher en échange de la monnaie de cuivre chez l'épicier voisin. La femme de l'épicier est compatissante, bonne pour les pauvres et connue pour telle dans le quartier. A peine vint-elle de rendre ce petit service à sa voisine de l'échoppe, qu'elle voit entrer chez elle un petit ramoneur auvergnat qui vient la prier de lui prêter deux sous pour le lendemain ; ayant été malade et obligé de contracter quelques dettes, il a vendu son temps pour un mois à un homme qui le nourrit, qui le loge, mais auquel il faut apporter vingt sous par jour, sous peine d'être engagé pour une semaine de plus pour chaque fois qu'il manquera à la condition. C'est aujourd'hui le dernier jour de l'engagement et malheureusement il a gagné fort peu de chose, il n'a pu compléter que dix-huit sous. L'épicière s'empresse de donner les deux sous au petit ramoneur qu'elle connaît honnête et incapable de forger un mensonge. Elle lui donne précisément le sou de cloche.

Le maître du ramoneur qui est marchand a rendu ce décime à une dame dont il avait reçu une pièce de deux francs pour un objet vendu trente-huit sous. A peine cette dame est-elle dans la rue qu'un tout petit Savoyard s'approche d'elle en lui disant : « Un petit sou, s'il vous plaît, madame, un petit sou ; je n'ai rien mangé d'aujourd'hui. » Touchée de la misère de ce jeune enfant, elle lui donne le gros sou. Le petit Savoyard va acheter à la hâte un petit pain de seigle à une marchande qui attendait de gagner quelque chose pour secourir sa pauvre famille. Avec ces deux sous, elle achète à son tour deux cartes de bienfaisance pour soupes de légumes dont elle nourrit son mari et ses enfants. Le malheureux qui a vendu les cartes de bienfaisance s'est trouvé content d'avoir ces deux sous et en a fait sans doute un bon usage.

Ainsi, parce que Clément a profité de la leçon de son grand-père, qu'il a su vaincre sa petite tentation et a préféré secourir un malheureux, le bonheur à venir de l'enfant qui pleurait sera probablement assuré ; un infortuné a évité de supporter pendant une longue nuit et peut-être plus longtemps encore les horreurs de la faim ; une femme honnête ne sera pas privée d'une pauvre échoppe qui est son seul moyen d'existence ; le pauvre Auvergnat aura sa liberté et pourra travailler pour ses infortunés parents ; le petit Savoyard aura mangé son pain de seigle, après un jeûne bien forcé ; enfin une famille entière se sera nourrie pour un jour : tout cela ne vaut-il pas bien un litron de noisettes ?

ILS N'EN ONT PAS BESOIN !

A l'heure où les ouvriers parisiens descendent des faubourgs pour se rendre au travail, un groupe assez nombreux se formait à l'angle de la rue Saint-Denis et de la rue du Caire.

Voici ce qui se passait.

Une femme d'une trentaine d'années, malade et dont le mari venait de mourir, était placée sur un brancard à rideaux pour être portée à l'hospice Lariboissière. Près du brancard était une sœur de charité qui donnait la main à une petite fille de sept à huit ans et portait au cou une autre petite de quinze à dix-huit mois : c'étaient les deux enfants de la pauvre veuve. Lorsqu'il s'agit d'enlever la malade, elle se dressa sur son séant, écarta les rideaux de coutil et, sans prononcer une parole, elle prit à la fois la main de sa sœur et celles de ses filles, les porta à ses lèvres et sembla confier, par un regard plein de gratitude et de supplications, ses deux enfants à leur protectrice.

On emporta le brancard. La religieuse, toujours la petite au cou et tenant sa sœur par la main, prit le chemin de l'hospice auquel ses vœux l'ont attachée. Sur le passage de cette femme, — incarnation de la religion et de la charité, — le groupe s'ouvrit avec respect ; plusieurs des assistants se découvrirent. On gâterait un tel récit en y ajoutant le moindre commentaire. Un passant s'approcha et remit à la petite fille quelques pièces de monnaie. La religieuse les ôta de la main de l'enfant, les remit au donateur avec ces simples mots :

« Ils n'en ont pas besoin ! »

LE MAJOR POLONAIS.

La France a toujours montré pour les émigrés polonais la générosité qui convient à un grand peuple; depuis vingt-trois ans que dure leur émigration, elle n'a cessé de leur tendre une main secourable et n'a point paru se fatiguer d'une si longue infortune ; sa compassion a survécu au temps qui détruit tout. La Pologne en est reconnaissante à la France, et la plupart de ses fils portent à notre pays un amour presque égal à celui que leur inspire leur propre patrie. Mais les bienfaits ont dû se répartir sur plusieurs milliers d'hommes, il est donc difficile que la somme qui figure annuellement au budget pour soutenir l'émigration polonaise, toute considérable qu'on puisse la supposer, procure à chaque émigré autre chose que la satisfaction des plus stricts besoins. Ils vivent, et c'est beaucoup sans doute, mais ils vivent au sein des plus dures privations, et l'on a vu des hommes, habitués chez eux à cette grande et facile existence que mènent dans les pays du Nord les propriétaires des terres, relégués au quatrième étage d'une pauvre et obscure maison, se rendre les plus humbles offices et passer sans feu l'hiver tout entier, si j'en excepte les jours où, recevant un ami, ils dérogeaient à la rigueur de leur économie, par égard pour les droits de l'hospitalité. Parmi ces hommes dont je parle se trouvait un major polonais dont on me permettra de taire le nom ; c'était un digne fils de la Pologne par ses mâles et héroïques vertus, son enthousiasme chevaleresque et cette générosité native qui fait que ce qui appartient à un Polonais est également à tous ; il se résolut à se retirer dans une ville de province où il devait vivre des subsides qui lui étaient alloués plus aisément qu'à Paris. Il choisit Vierzon pour sa nouvelle résidence, attiré dans cette ville par un petit groupe de Polonais qui avaient été y chercher aussi une existence moins difficile. Il s'arrangea d'une seule chambre au rez-de-chaussée ; il se servit à lui-même comme à Paris de valet de chambre et de cuisinier, mais il put vivre de sa petite pension sans faire de dettes et recevoir quelquefois à sa table un ou deux camarades d'infortune.

Un jour qu'après avoir préparé son modeste repas et mis son couvert près de sa fenêtre ouverte, il s'asseyait pour dîner, il vit une petite fille de quatre à cinq ans environ monter sur quelques pierres qui se trouvaient au dehors, et, debout, appuyant ses mains aux barreaux qui protégeaient la fenêtre, le regarder attentivement. Il ne porta sur cette enfant que des regards distraits et acheva son dîner sans chercher à comprendre pourquoi elle demeurait si fidèlement à son poste d'observation. Le lendemain l'enfant revint prendre sa place de la veille; elle ne disait pas un mot, mais ses yeux suivaient avec un intérêt marqué tous les mouvements du major. « Cette enfant a peut-être faim! se dit-il tout à coup, comment n'y ai-je pas pensé plus tôt! » Et coupant un morceau de pain, il y déposa une part de son dîner et le lui passa par la fenêtre. Une expression de joie se répandit sur la figure de la petite fille qui mangea avec avidité ce qui lui avait été donné et disparut. Cette scène silencieuse se renouvela tous les jours, pendant trois semaines. Ce temps écoulé, le major qui souffrait depuis plusieurs mois d'un mal auquel il accordait peu d'attention se sentit grièvement atteint, et force lui fut de garder le lit. Les Polonais de Vierzon s'émurent; un médecin, leur compatriote, et un médecin français furent appelés le troisième jour de la maladie. Après avoir examiné le malade, ils se retirèrent pour délibérer, non dans une autre pièce, puisqu'il n'y en avait point, mais près de la fenêtre qu'ils avaient fait ouvrir pour renouveler l'air de la chambre. Il était quatre heures ; c'était l'heure où le major avait l'habitude de dîner ; la petite fille triste et les yeux pleins de larmes se tenait au barreaux. Rompant le mutisme qu'elle avait gardé jusqu'ici, elle s'écria d'une voix pénétrante en s'adressant aux médecins : « Sauvez-le ! sauvez-le ! voilà déjà trois jours que je n'ai dîné ! » Étonnés et attendris, les médecins en se rapprochant du lit rapportèrent au malade les paroles de l'enfant. « Pauvre petite ! » s'écria-t-il. Et après leur avoir raconté ce qui s'était passé entre lui et cette enfant, il les pria de la faire entrer. La petite s'avança sur la pointe des pieds et couvrit de ses baisers et de ses larmes la main que le major lui avait tendue. « Chère enfant, lui dit-il, il paraît que tu as bien faim ? » Et faisant un effort pour se retourner, il ouvrit le tiroir d'une petite table qui était proche et en tira un franc qu'il lui donna. C'était l'aumône de la veuve de l'Évangile.

« Achète du pain, » lui dit-il. La petite s'éloigna, mais lentement ; son regard était fixé sur les médecins ; elle semblait vouloir leur parler et être retenue par la timidité. L'un d'eux s'approcha d'elle, comme elle allait franchir le seuil de la porte, et voulut lui mettre quelques sous dans la main. « Oh ! dit-elle à mi-voix, gardez votre argent, je suis plus riche que vous ! Regardez la belle pièce qu'il m'a donnée ; eh bien, je vous la donne à mon tour, pour que vous le guérissiez bien vite ! » Et laissant son franc dans la main du médecin, elle s'éloigna en courant.

Elle avait donné plus que sa pièce blanche, qui était tout son bien : elle donnait sa propre vie, puisque, comme elle l'avait bien dit, depuis trois jours que les dîners du major étaient interrompus par la maladie, elle n'avait pas dîné elle-même. Elle n'avait mangé autre chose que le peu de soupe que sa mère, toujours malade, parvenait à donner le matin à trois enfants dont elle était l'aînée. Le père, ouvrier tonnelier, se mourait de la poitrine ; la misère la plus profonde et la moins méritée régnait dans cet intérieur. La petite fille comprenait déjà la position de sa malheureuse famille, et chaque jour, après avoir rendu à sa mère tous les petits services qu'on pouvait attendre d'une enfant de son âge, elle quittait le logis pour ne point disputer à ses jeunes frère et sœur le morceau de pain qui pouvait leur revenir dans le cours de la journée, et elle tâchait d'obtenir son dîner de la charité des voisins, ce qui ne lui réussissait pas toujours. Le major, dont l'intérêt pour la petite fille s'était encore accru par le retour entre ses mains du franc qu'il lui avait donné, avait su tous ces détails par ses amis qu'il avait chargés de prendre quelques renseignements sur elle. Dès qu'il fut revenu à la santé, il proposa aux parents d'adopter cette enfant. « Je suis pauvre à la vérité, leur dit-il, mais avec l'aide de Dieu j'aurai bien encore les moyens de l'élever. » Et Dieu ne lui fit pas défaut : sur ses subsides, qui lui avaient paru jusqu'alors, malgré sa sobriété et son économie, à peine suffisants pour lui seul, il réussit à nourrir et à entretenir sa fille adoptive, à lui payer même des mois d'école et à la soutenir plus tard pendant un apprentissage de trois années qu'elle fit chez une couturière. Il est vrai que la petite, douée d'une intelligence très-vive et d'une grande activité, avait mille petites ressources d'ordre et d'économie pour accroître le revenu du major. Elle s'entendait bien mieux que lui à acheter des provisions, à les faire durer dans le ménage; elle tirait parti d'une foule de choses que le major laissait perdre quand il vivait seul; elle entretenait le linge et tous les effets d'habillement avec le plus grand soin. A mesure qu'elle avançait en âge, le major voyait régner autour de lui un bien-être inaccoutumé. « Je crois que cette fille, disait-il avec attendrissement, a découvert un trésor. »

Elle atteignit dix-huit ans : employée comme ouvrière chez sa maîtresse d'apprentissage, elle voulut en vain verser dans la petite caisse du major le prix de ses journées de travail ; elle ne put lui faire entendre raison sur ce point. Il ne reçut jamais l'argent qu'elle apportait à la maison que pour le lui placer à la caisse d'épargne.

Un honnête garçon, ouvrier menuisier, touché des qualités de la jeune fille, avait bien envie de la demander en mariage, mais il n'osait, parce que le bruit était répandu dans Vierzon qu'elle était décidée à renoncer au mariage par reconnaissance pour son père adoptif. Le major connut les dispositions du jeune ouvrier et la cause qui le retenait de se présenter. Il alla le trouver avec sa rondeur toute militaire et lui promit sa main. Celle-ci fit des difficultés qu'il combattit avec l'autorité d'un père. « Ce n'est pas pour moi, Dieu m'en garde, mon enfant, lui dit-il, que j'ai pris soin de ton enfance, mais bien pour toi, et j'aurais honte d'exiger que tu sacrifiasses ta jeunesse à mes cheveux blancs ! » Elle dut se soumettre. Il était radieux le jour où il conduisit à l'autel son enfant d'adoption ; et cependant peu de jours après la bénédiction nuptiale les jeunes époux quittaient Vierzon pour Paris.

Plus d'une larme s'échappa des yeux du vieux major et vint mouiller sa moustache blanchie, quand il se retrouva seul dans sa pauvre demeure. Mais il offrait à Dieu son sacrifice, et la tristesse qu'il sentait en son cœur ne troublait point la sérénité de son âme généreuse et chrétienne.

Deux années s'écoulèrent dans cette séparation.

Il avait fallu traverser le difficile hiver de 1853. Le bon major ne suffisait plus à ses dépenses ; d'ailleurs, il était encore moins habile qu'autrefois à tirer tout le parti possible de ses pauvres ressources ; il s'en était remis pendant si longtemps à sa fille adoptive, qu'il ne savait plus se retrouver dans ses comptes et dépensait toujours plus qu'il n'aurait dû. Il se gardait bien d'entrer avec ses enfants dans aucun détail de ce genre, mais la femme du jeune menuisier devinait les embarras où il devait être, et elle travaillait sans relâche, de concert avec son mari, pour amener un changement dans la situation du major. Dieu lui a permis d'accomplir ses bonnes intentions au commencement de cette automne. Vers la fin de septembre, elle écrivit à son père adoptif que son mari et elle pouvaient enfin lui faire une proposition qu'ils avaient fort à cœur de lui voir accepter, mais qu'ils avaient différé de lui faire jusqu'ici, bien malgré eux, pour qu'il pût se rendre à leurs vœux, sans craindre de leur être à charge. Cette proposition, c'était de se réunir à eux et de souffrir qu'ils lui rendissent tous les soins que sa vieillesse exige et qu'un père a bien le droit d'attendre de ses enfants. Pour gagner plus facilement le vieillard, suivaient un aperçu un peu trop favorable, peut-être, de la situation actuelle du jeune ménage, et le compte des dépenses présumées de la maison après la réunion tant désirée, pour établir que, loin qu'il puisse être une charge, il apporterait à la masse commune au delà de ce qu'on dépenserait pour lui. Comment résister à un appel fait de cette manière et de la part d'une enfant chérie? Le major partit pour Paris, et depuis deux mois s'est établi chez ses enfants.

On a mis à sa disposition tout ce que la maison possède de plus confortable. Il a le meilleur lit, la première place à table et au foyer. Il se sent renaître à la vie et au bonheur et ne parle de ses enfants que les larmes aux yeux.

On est venu voir ces dignes ouvriers, cette jeune femme si pieusement reconnaissante, de la part d'un personnage considérable de l'émigration polonaise, et qu'avait singulièrement ému le récit qu'on lui avait fait d'une vertu si parfaite et si soutenue. « Vous êtes donc bien heureuse, lui dit-on, d'avoir auprès de vous votre père adoptif? — Oh! bien heureuse, et c'est tout naturel, il a été si bon pour moi! — Et vous en avez un grand soin? — Je ne puis encore faire pour lui tout ce que je voudrais, répondit-elle avec simplicité, mais ce n'est pas ma faute; cependant je suis parvenue, outre l'argent de son tabac que je lui donne très-régulièrement, à pouvoir lui glisser tous les jours quelques sous dans la poche de son gilet, pour qu'il puisse se passer quelques petites fantaisies dans ses promenades. Et le vieux major, de son côté, économise sur ces sous qu'on met à sa disposition, pour faire de temps en temps une petite surprise à son cher ménage.

Voilà la conduite que Dieu fait tenir aux plus pauvres, quand il règne dans leurs cœurs; les sentiments qu'il leur inspire, quelle que soit l'obscurité de leur condition aux yeux du monde. Le major polonais, dans sa pauvreté, n'a pas pu donner une grande éducation à sa fille adoptive, mais il lui a communiqué sa foi, et ce bienfait a suffi à la pauvre ouvrière pour lui faire porter toutes ses vertus jusqu'à l'héroïsme.

UN TRAIT DE CHARLES NODIER.

On sait que les prés Saint-Gervais, promenade située près Belleville, furent pendant longues années très-fréquentés par les Parisiens qui y allaient cueillir des lilas.

Sur la lisière qui les sépare de Pantin, il y avait une citerne portant le nom de regard de Saint-Pierre.

Un jour, raconte le spirituel chroniqueur auquel nous empruntons l'intéressante anecdote qu'on va lire, nous promenant avec Ch. Nodier, nous nous étions avancés dans les prés Saint-Gervais. Nodier s'était assis sur l'angle d'une citerne peu élevée, et sa main avait écarté quelques tiges de lierre qui cachaient une inscription presque effacée par le temps ; il laissa échapper un de ces sourires sublimes qu'une femme lui eût enviés ; il prit un caillou et, joyeux comme un enfant qui prépare une espièglerie, il mutila une lettre de manière que les fragments laissassent penser qu'ils avaient complété les dernières lettres du nom de *Bernardin*; quant au nom de *Saint-Pierre*, il était parfaitement lisible.

« Le premier archéologue qui passera, dit Nodier, prouvera, s'il n'a rien de mieux à faire, que le père de *Paul et Virginie* a été parrain de ce monument. »

Il se fit alors près de nous comme un frôlement d'herbes.

« Nous sommes trahis, » dit-il, et il aperçut blotti au soleil, dans un fossé, un jeune paysan qui tenait un livre à la main ; notre présence ne l'avait pas interrompu.

« Tu sais lire, mon ami ? lui demanda Charles Nodier.

— Pas tant que je voudrais, dit l'enfant levant sur nous deux grands yeux noirs expressifs.

— Vas-tu à l'école?

— Tous les deux jours, ma sœur et moi y allons à tour de rôle.

— Pourquoi pas tous deux ensemble?

— Parce que ça coûterait quatre francs pour deux, et que ma mère, qui garde les oies, ne peut pas donner tant d'argent. »

Nodier fit quelques pas; il aperçut un nid dans un embranchement de cerisier.

« Sais-tu monter aux arbres?

— Oui, monsieur, mais ce nid est vieux.

— Je voudrais l'avoir. »

L'enfant s'était déjà élancé sur le cerisier et avait atteint le nid peu élevé.

« Il est tout plein, tout plein, avait-il dit en criant, mais ce sont pas des oiseaux. »

L'enfant était déjà à terre et regardait avec étonnement sa prise, qui consistait en une vingtaine de pièces de monnaie d'argent, et l'enfant appela sa mère, qui venait à sa rencontre, et lui montra ce qu'il avait trouvé dans le nid du pinson.

« Oh! oui, mère, bien sûr ! »

Et étendant le bras vers Nodier, il ajouta :

« Oh! oui, mère, le pinson, je crois que le v'là. »

En effet le bon Nodier n'avait eu qu'à élever le bras pour déposer son offrande dans l'aumônière de mousse que le hasard avait placée à la portée de sa haute stature.

LA ROBE ROSE.

Henriette était au comble de la joie : M. de Bonneval, son grand-père, venait de lui donner quatre louis pour s'acheter une robe de *cachemirienne rose*, objet de ses plus chers désirs, car elle commençait à songer à sa toilette plus qu'à ses joujoux, et elle attendait avec impatience le retour à Paris pour faire emplette de la jolie robe rose.

Le comte de Bonneval, tout heureux de son bonheur, annonça que bientôt les vœux d'Henriette seraient exaucés et que, dans huit jours, on retournerait dans la capitale.

Comme elle savourait d'avance le plaisir qu'elle se promettait ! Quel triomphe le cœur d'Henriette, ouvert aux premières impressions de la coquetterie, se flattait de remporter sur ses compagnes, en paraissant avec l'élégante robe de cachemirienne ! Elle comptait, recomptait son argent et calculait, avec joie, qu'il suffirait pour avoir aussi une guirlande de boutons de roses, qui produirait un effet charmant dans ses beaux cheveux noirs, que la nature avait pris plaisir à boucler.

Deux jours avant le départ, Henriette se promenait dans la campagne avec Hélène, fille du fermier de son grand-père, et lui faisait une peinture animée de la délicieuse toilette qu'elle allait s'acheter à Paris, chez Céliane. Tout à coup elle se trouva vis-à-vis d'une chaumière ; sur la porte, une jeune femme pleurait en berçant sur ses genoux son enfant, qui souriait à une douleur qu'il ne pouvait comprendre. Henriette, attendrie, demanda à Hélène si elle connaissait cette villageoise? « Hélas! oui, répondit-elle, c'est la femme de Gervais, pauvre journalier, malade depuis six semaines ; elle a beau travailler, obligée de nourrir son enfant, ce qu'elle gagne ne peut suffire à payer le médecin et les remèdes. — Quoi! s'écria Henriette, cette pauvre femme a le chagrin de voir son mari malade, et il faut encore qu'elle gémisse sur sa misère! Je vais tout de suite en prévenir mon grand-père. — Gardez-vous-en bien, mademoiselle ; Gervais, qui était toujours occupé au château, a sans doute commis involontairement quelque faute, car M. le comte a défendu qu'il revînt travailler et qu'on lui en parlât jamais.

Henriette connaissait le bon cœur de son grandpère; elle était persuadée que s'il apprenait l'infortune de Gervais, il le secourrait malgré son ressentiment; aussi après s'être approchée de la jeune femme et avoir cherché à la consoler par l'espérance d'un meilleur sort, elle allait la quitter, en laissant dans la triste chaumière le peu d'argent qu'elle avait sur elle, quand elle vit entrer leur propriétaire. Cet homme dur ne craignit pas d'annoncer à ces malheureux que si le lendemain ils n'envoyaient point les quatre-vingts francs qu'ils devaient pour deux années de loyer, on ferait vendre tout ce qu'ils possédaient, et, sans être attendri par les prières de cette famille désolée, il sortit en les menaçant de nouveau de la rigueur des lois.

Qu'on se figure le désespoir du misérable Gervais, qui, sur son lit de douleur, n'avait aucun moyen de se procurer la somme qu'on lui demandait...! Séchez vos pleurs! s'écrie Henriette en s'élançant hors de la chaumière, Dieu aura pitié de vous; dans un instant je reviens. Et sans regarder si Hélène la suit, elle retourne précipitamment au château, vole à sa chambre, saisit la bourse qui contenait tout l'argent destiné à l'achat de sa robe et, sans répondre aux questions réitérées des gens du comte, alarmés de son trouble, sans répondre même à Hélène, retourne dans la chaumière et remet ses quatre louis aux deux époux. Par une délicatesse touchante elle veut laisser à son aïeul le mérite de cette bonne œuvre et la reconnaissance de ces bonnes gens. Ils ne supposent pas qu'Henriette qu'une enfant, puisse disposer d'une aussi forte somme, ils pensent donc que ce secours inespéré, ils le doivent à M. de Bonneval, que sa petite-fille a sollicité. Elle ne les détrompe pas, mais elle contemple avec une sorte d'ivresse le rayon de bonheur qui brille sur le front pâle du malade et la douce joie de l'épouse pressant avec plus de tendresse son enfant sur son cœur. Henriette lève ses yeux au ciel pour le remercier de la jouissance qu'elle éprouve, baise l'enfant, dont la jolie figure était encore humide des larmes maternelles qu'elle venait de tarir, et s'arrache à ce spectacle attendrissant pour se dérober aux remercîments dont la comblait cette famille reconnaissante.

Hélène, témoin du sacrifice que la coquetterie de sa jeune maîtresse venait de faire à l'humanité, se sentait pénétrée d'admiration; celle-ci lui recommanda le secret et retourna chez son grand-père, sn ce promettant de profiter d'un moment de bonne humeur du vieillard, pour obtenir le pardon de Gervais; le premier jour elle ne lui parla pas de ses protégés et il ne s'aperçut de rien.

Mais le lendemain, comme il était dans son cabinet, l'épouse de Gervais se présenta à ses yeux, tenant son fils dans ses bras, et avant qu'il eût le temps de l'en empêcher elle tomba à ses genoux, lui exprimant vivement sa reconnaissance et celle de son mari pour les bienfaits dont il les avait comblés. M. de Bonneval, surpris, la relève, demande ce que cela veut dire ; alors la villageoise lui raconte le service que sa petite-fille leur a rendu en son nom. M. de Bonneval attendri remercie le Maître de toutes choses d'avoir doué Henriette d'un cœur compatissant. La villageoise, profitant de la circonstance favorable, expliqua au comte que les torts de Gervais n'avaient été qu'apparents. Elle obtint de nouveaux secours et la promesse d'une place pour son mari. Tout en la congédiant le comte lui recommanda de laisser ignorer à sa petite-fille qu'il fût instruit de sa belle action.

Les jours suivants, Henriette essaya plusieurs fois de parler à son grand-père en faveur de Gervais ; comme il avait ses projets, il éludait de lui répondre, et la pauvre enfant ne pouvait comprendre une sévérité que démentaient la bonté et l'indulgence habituelles du comte.

Le moment du départ pour Paris arriva, et le grand-papa partit avec elle sans paraître informé de ce qui s'était passé. Mais une semaine après leur arrivée, le père d'Henriette ayant invité une nombreuse compagnie pour célébrer l'heureux retour du comte, celui-ci s'adressa devant tout le monde à sa petite-fille : « Il faut avouer, mon enfant, lui dit-il, que tu n'aimes guère ce qui te vient de moi ; car, certes, il semble qu'aujourd'hui tu aurais dû te parer de ta robe rose que tu as eu

tout le temps d'acheter depuis notre arrivée. »
Les yeux baissés et les joues couvertes d'une vive
rougeur, la jeune fille ne savait que répondre. Le
père et la mère, que le comte de Bonneval avait
instruits de tout, jouissaient de son trouble modeste que la compagnie n'attribuait qu'aux reproches du grand-papa. Enfin M. de Bonneval la
prenant par la main : « Cesse de trembler, ma
bonne amie ; je sais tout et je ne t'en aime que
mieux. Alors le vieillard attendri, après l'avoir
pressée contre son cœur, s'empressa de raconter
à l'assemblée l'histoire de Gervais et de sa femme.
Tout le monde applaudit à la conduite d'Henriette, qui reçut dans l'approbation des amis de
sa famille et les éloges de ses parents, une bien
douce récompense de son sacrifice. Mais ce ne
fut pas tout ; avant que de retourner à son château, le grand-papa donna la robe rose avec la
jolie guirlande qui devait produire tant d'effet
dans les cheveux noirs d'Henriette ; et jamais elle
ne se para de ces dons de son grand-père, sans
éprouver que la plus pure de toutes les jouissances
est le souvenir d'une bonne action.

UN PLACEMENT A GROS INTÉRÊT.

Nous trouvons l'anecdote suivante dans un journal de Montréal :

« Il y a vingt années environ, vers le mois de janvier, une pauvre Indienne, portant le costume des femmes du nord-ouest, se présentait à la porte d'un des riches propriétaires du village de B... Cette femme portait l'habillement de sa tribu : la couverture de drap bleu foncé encapuchonnant la tête et descendant jusqu'aux pieds, les mitas diaprés de verroteries et les mocassins de peau d'original, fleuretés avec des coquillages. Son capuchon était bordé de broderies et surmonté d'une houppe. Elle représentait la femme d'un chef, en un mot. Mais la couverture était usée par le temps, rongée par les mites ; mais les ornements du costume étaient dépareillés et tombaient en pièces. De plus, la squaw avait dans ses bras un de ces teskmigan (berceau), espèce de planche plate, vivement coloriée en rouge-vert et revêtue d'un linge de toile ou laine, suivant la saison dans laquelle les indigènes emmaillottent les enfants.

« Soboinigan (l'Anguille), la pauvre créature dont nous parlons, avait vu mourir son mari sur le territoire des visages pâles. Lui, Kinibeek (le

Serpent), délégué par les siens pour régler une affaire commune avec le gouverneur de la baie d'Hudson, avait succombé en chemin. Son mari défunt, Soboinigan demeura seul au Canada. Elle ne put faire valoir ses réclamations et reprit sans ressources la route des pays hauts. Mais c'était en hiver ; et quand elle parvint à B..., la pauvre créature était épuisée. La nuit tombait. On lui refusa l'entrée de la maison où elle implorait du secours.

« Repoussée, Soboinigan s'éloignait le désespoir au cœur, quand une jeune fille l'arrêta et lui dit : « Mon père vous a renvoyée ; mais prenez ceci et logez-vous quelque part, vous et votre *baby*. » En même temps cette noble jeune fille mettait dans la main de la *sauvagesse* un louis d'or, fruit de ses économies. — Dieu te conserve, ma sœur ! » dit l'Indienne. Elle partit. Les années se succédèrent, la bienfaitrice se maria. Des revers de fortune la plongèrent dans l'indigence. Depuis longtemps elle avait oublié une charité faite dans son bas âge, lorsque dernièrement elle reçut la visite d'un homme qui lui dit : « Te souviens-tu de Soboinigan ? » Madame R... répondit négativement. L'Indien insista, rappela l'anecdote que nous venons de narrer, et la mémoire revint à notre héroïne. « Je suis, dit alors l'Indien, le fils de cette femme que tu as sauvée, car ma mère mourait de faim quand elle vint implorer ta compassion. Maintenant Soboinigan est allée vers le grand Manitou. Avant de s'embarquer pour le dernier voyage, elle m'a parlé de sa sœur au visage pâle ; je me suis souvenu. »

« Après ces mots, l'Indien partit. Le lendemain madame R... recevait une traite du montant de mille francs. »

L'IVROGNE CONVERTI.

C'était un peintre en bâtiments, un bon ouvrier pourtant, qui, marié à une femme courageuse et active, pouvait, avec le produit de ses journées, entretenir l'aisance dans son ménage, en même temps que se préparer des ressources pour l'avenir. Par malheur, notre homme fréquentait le cabaret, et adieu le bien-être, adieu la sécurité, récompense du travail et de la conduite régulière ! Après une semaine, après une quinzaine de labeurs assidus, il se laissait entraîner ; et c'étaient huit jours de paresse, de fureurs, de désordres. Puis l'ivresse passée, venaient l'impatience du remords et de la honte, la conscience de son abaissement, de sa lâcheté, du scandale qu'il avait donné ; huit jours encore perdus dans le découragement, dans l'abattement d'un repentir sincère, mais stérile. Telle fut la vie du malheureux pendant douze ans, et je vous laisse à penser quelle devait être auprès de lui celle de sa femme et de son enfant; car cette détestable passion de l'ivresse n'a pas seulement pour résultat inévitable la dégradation et le malheur de ceux qui s'y livrent, elle fait le tourment de leur famille, victime de l'égoïsme de son chef, qui sacrifie tout à son vice et trop souvent encore aggrave par ses brutalités les misères dont il est cause.

Il y a un peu plus d'un an, la femme du peintre recueillit une pauvre sœur à elle, restée veuve, sans ressource aucune et qui se mourait de la poitrine avec la pensée douloureuse qu'elle laisserait orpheline une petite fille de onze ans. Elle n'osait dire à sa sœur : « Prends ma fille et sers-lui de mère quand je n'y serai plus. » C'était imposer à sa sœur une charge nouvelle et peut-être exposer l'enfant aux reproches comme aux emportements du mari, alors qu'il rentrerait la tête exaltée par le vin ou l'humeur aigrie, après avoir dissipé en libations coupables le pain de toute une semaine. Mais les prières de l'infortunée, unies à ses souffrances, devaient attirer les bénédictions de Dieu sur cette famille où, dans sa détresse, elle avait trouvé cette hospitalité cordiale de la part de son beau-frère lui-même.

Oui, malgré ses égarements, il y avait du bon chez cet homme ; il se montra compatissant pour la malade et il accueillit avec bienveillance et respect le saint prêtre qui venait apporter à la mourante les consolations de la religion. Un jour même que la pauvre mère serrait sa fille dans ses bras et semblait lui dire, en la couvrant de baisers et de larmes, un adieu plein d'anxiété, l'ouvrier lui prit la main et d'une voix attendrie il lui dit : « Louise, ne vous chagrinez pas pour l'avenir de la petite ; ma femme et moi nous en prendrons soin ; nous l'adoptons par avance, et..., tenez, je vous le jure ici, je renonce pour jamais à la boisson ; l'argent que je perdais à m'enivrer suffira et au delà pour nourrir l'enfant. — Merci, frère, dit la mourante, merci pour cette bonne parole qui, je le vois à vos regards, est sérieuse. A présent, je mourrai tranquille ; que Dieu vous bénisse et vous récompense ! Ma dernière prière sera pour vous. »

Quelques jours après le lit était vide ; l'enfant pleurait après avoir vu le cercueil sortir de la mansarde. Sa tante l'attira sur son cœur en lui disant : « Du courage, chère petite ! oh ! va, je t'aimerai pour deux, et le père aussi ! n'est-ce pas, mon ami ?

— Oui ! oui ! répondit celui-ci en essuyant de grosses larmes ; je l'ai dit, femme, et je ne m'en dédis pas. Au diable la bouteille ! je l'ai juré à la défunte comme au prêtre.

En effet, lorsque l'ecclésiastique était venu pour assister la malade, l'ouvrier avait voulu renouveler devant lui, de la manière la plus irrévocable, son serment : « Je vous donne tout pouvoir sur moi, avait-il dit, monsieur l'abbé, si vous apprenez jamais que je suis retombé dans mes anciennes fautes, faites-moi venir et grondez-moi sévèrement. »

Mais, grâce à Dieu, jusqu'ici il n'a pas été besoin de rappeler au brave ouvrier sa promesse. Depuis plus d'une année, resté inébranlable, il donne l'exemple de la sobriété comme de l'assiduité au travail. Il a rayé définitivement le *lundi* de ses jours fériés ; en un mot, il est corrigé. Sa femme aujourd'hui, en se rappelant les jours passés qui lui semblent comme un mauvais rêve, goûte doublement son bonheur. Le mari non plus ne se trouve pas à plaindre ; tous les jours, au contraire, il se félicite et ne se lasse pas de répéter à sa femme attendrie : « Et moi qui pensais faire un sacrifice en renonçant au cabaret ! Aurais-je cru qu'une fois mon parti pris la chose serait aussi facile et que j'en serais récompensé au centuple ? Vrai, un marché d'or ! Quel dommage seulement d'avoir à regretter tant d'années perdues ! Ah ! chère femme, combien faut-il que je t'aime à présent pour te dédommager du passé ! Et toi, petite fille, viens que je t'embrasse pour ta pauvre mère qui nous voit, j'espère, de là-haut. »

L'OFFRANDE DE L'APPRENTI.

Un jeune homme plein de foi et d'intelligence, mais pauvre, se rendit un jour chez un orfévre dans l'intention de suivre la même profession. Il fut accepté, et bientôt l'apprenti surpassa le maître.

Il se présente un homme d'une riche et noble famille : il apportait de l'or et des diamants avec lesquels on devait lui confectionner un beau Christ. Le maître confie ce travail au jeune ouvrier, bien persuadé qu'il s'en acquitterait parfaitement.

Pendant qu'il y travaillait, il paraissait préoccupé : en effet, une pensée généreuse, sublime, l'avait frappé et sensiblement ému...

Cependant le propriétaire de l'or et des diamants arrive pour peser l'or avant d'y attacher les diamants; mais quelle n'est pas sa stupeur, quand il trouve une assez notable différence dans le poids : il éclate en reproches et en menaces contre l'ouvrier, l'accusant d'avoir soustrait une partie de l'or pour y substituer des matières étrangères.

Enfin, obligé de parler, l'innocent apprenti lui dit :

« Dieu qui connaît les secrets des cœurs, sait que je n'ai jamais rien fait de pareil ; voici ce que j'ai fait : Voyant que vous avez sacrifié en l'honneur du Sauveur une si grande quantité d'or et de pierreries, la pensée m'est venue d'y ajouter au moins le prix de mon ouvrage ; j'ai calculé scrupuleusement mon gain, j'ai acheté pour autant d'or et je l'ai offert au Christ, espérant qu'il accepterait ce don du pauvre comme il a accepté le denier de la veuve. Je comptais avoir ma part dans cette bonne œuvre. »

A cette réponse inattendue, le seigneur resta muet de stupéfaction ; après un moment de silence il dit à l'ouvrier.

« Voyons, mon enfant, est-il bien vrai que vous avez pensé et agi de cette manière ? »

Et sur la réponse affirmative de l'honnête ouvrier ; il lui dit :

« Eh bien, puisque tu as voulu partager le mérite de cette œuvre, tu partageras mon sort : dès ce moment tu es mon fils »

Il l'emmena avec lui, l'adopta et le fit son héritier.

SŒUR SAINTE MAGDELEINE D'ORGON.

A tous les voyageurs qui passaient devant le petit village d'Orgon, sur la route d'Avignon à Marseille, il se présentait une petite religieuse à robe noire, à coiffe noire et blanche, à croix d'argent, tendant une petite boîte de fer-blanc dans laquelle elle priait de laisser tomber une aumône *pour les pauvres voyageurs malades à l'hôpital.* Qu'il fût nuit ou qu'il fût jour, la quêteuse était toujours là ; seulement la nuit elle portait une propre et luisante petite lanterne à quatres verres bien transparents.

Cette quêteuse se nommait *Magdeleine* : elle était de Bonnieux. Jusqu'en 1830 à peu près, elle y vécut à grandir, à prier et à travailler entre les deux seuls parents qui lui fissent une famille : sa mère et son frère. C'est une belle éducation que celle de la campagne dans la pauvreté et par le travail, lorsque l'on a le bonheur d'avoir appris à y joindre la prière. Ce fut toute l'éducation de Magdeleine, et jusqu'à l'âge de vingt ans elle ne connut d'autre vie que les travaux de la terre pendant six jours de la semaine, et le dimanche les offices qu'elle écoutait avec ferveur, en répétant de nombreux *Ave, Maria* aux pieds de la sainte

Vierge, *la bonne Mère*, qu'elle aimait de tout son cœur simple et pur.

Elle était à Bonnieux si bien la plus sage entre toutes, qu'elle fut remarquée par plus d'une mère ayant garçon à établir ; et pour peu qu'elle eût possédé quelques cents francs de dot, elle n'eût pas manqué de partis. Mais Dieu la destinait à autre chose qu'au mariage et la voulait pauvre comme ceux qu'il choisit toujours, et pour décider son avenir il l'affligea d'un grand malheur dans son frère. Son frère, qui gagnait comme elle sa vie aux champs, se vit tout à coup perclus de tous ses membres et cloué sur un lit de douleur. Cela dura bien longtemps et rendit la famille triste comme jamais, pauvre plus que jamais ; car le travail de deux femmes, entrecoupé des soins qu'exigeait le malade, devenait insuffisant. Mais ce frère, cette sœur, cette mère savaient prier ; ils s'adressèrent à Notre-Dame de Lumières, que l'on n'invoque jamais en vain ; bientôt, par sa protection, le paralytique se leva et fut guéri, et il put aller lui-même à pied remercier la sainte madone.

C'est à la suite de ce miracle que se décida la vocation de Magdeleine. Un jour elle partit laissant sa mère et son frère et vint à Avignon frapper à la porte d'un hôpital, demandant à soigner les pauvres, à prononcer des vœux de religieuse, à se dévouer au service de Dieu, et réclamant comme une grâce l'office le plus dur.

Lorsqu'on la vit si zélée, on lui offrit d'aller à Orgon quêter au profit de l'hôpital, destiné dans ce petit pays de passage aux voyageurs malades et pauvres. On ne lui cacha pas combien était fatigante, surtout pour une femme, cette vie au grand air, par tous les temps et par toutes les heures, à l'affût des voitures qui passent, au travers des postillons et des charretiers, à la merci du froid et de l'insomnie, et cela avec une mince guérite de bois pour seul abri, une petite chaufferette pour seul foyer. Elle accepta et vint à Orgon s'installer à la place de l'ancienne quêteuse morte tout récemment. Car Magdeleine n'est pas la première qui ait quêté ainsi ; il y a toujours eu à Orgon une quêteuse ; toutes celles qui ont passé là leur vie furent saintes et dévouées : toutes méritent d'être bénies. Je ne puis vous parler, moi, que de Magdeleine, la seule que j'ai connue ; mais en dire une, c'est les dire toutes. Et cependant chacune ne mériterait-elle pas son histoire à part? Mais parmi tous ces traits de charité qui s'oublient, je ne puis résister au plaisir de rappeler celui de la quêteuse qui se trouvait là au moment de la grosse révolution. La Terreur, en fermant l'hôpital d'Orgon, l'avait chassée de sa guérite ; et lorsque l'hôpital se rouvrit, on la vit revenir apportant *dix-*

huit cents francs, produit de ses quêtes secrètes à travers les mille dangers qu'une religieuse avait à courir en ce temps-là. La pauvre fille, proscrite, pourchassée, obligée de se cacher, ne s'était pas crue pour cela dispensée envers le ciel de sa mission de quêteuse. Aussi, jugez ce que lui auront valu ces dix-huit cents francs dans le sein de Dieu !

Mais revenons à Magdeleine, ou mieux à notre bonne sœur sainte Magdeleine.

Elle avait pour tout logement deux guérites de bois placées sur la grande route, à dix minutes de distance l'une de l'autre, et lui servant alternativement d'abri, selon que besoin était pour elle d'attendre sur tel ou tel point les diligences.

Elle avait donc deux guérites de bois, fermant au moyen d'une petite porte. La plus petite qu'elle me montra la première était pleine avec une chaise, une chaufferette, une petite table et de petites étagères supportant quelques livres de piété ; puis, en guise de tapisserie, des liens de raisin dont on lui avait fait cadeau et qu'elle conservait pour ses malades.

De là nous allâmes à la grande guérite.

La grande guérite, c'était le quartiea général de la sœur, son principal établissement, son hôtel à la ville ; quatre personnes pouvaient y entrer ensemble et même s'y asseoir, car il y avait quatre siéges. Là se trouve en miniature toute la vie matérielle d'une nonne; au fond, un petit lit court et étroit comme ne le sont pas les lits de vos enfants de six ans; au-dessus du lit, un petit reposoir orné d'une petite croix, de quatre petits cierges, d'un saint Joseph et d'une sainte Vierge, charmantes petites poupées de cire enjolivées de paillettes d'or ; à droite et à gauche plusieurs petits tableaux de piété.

Puis tout autour, des étagères supportant des livres de dévotion ; ici une petite armoire, c'est le cabinet de décharge ; là un court rideau blanc, c'est la garde-robe de la sœur; puis des pommes, des poires, des coings posés partout, des raisins pendus partout : vous savez qu'on les lui donne et pour qui elle les garde.

Puis enfin une petite table, une chaufferette, une petite montre d'argent pendue à un clou ; et, je l'ai déjà dit, quatre siéges, dont un vieux fauteuil. Voilà tout le mobilier. La porte de la guérite était percée d'une petite ouverture grillée servant d'observatoire à la sœur.

Elle me fit remarquer tous ces détails, un à un, comme un enfant qui montrerait le ménage de sa poupée. J'étais ébahi de tant de naïvetés religieuses qui procuraient tant de bonheur au milieu de tant de fatigues et dans une si mince cahute. Je voudrais avoir assez de place ici pour vous répéter mot à mot ma conversation avec la bonne sœur ;

elle me conta combien de fois la nuit elle était obligée de faire le trajet d'une guérite à l'autre ; le froid et l'humidité dont elle souffrait habituellement ; le sommeil qu'elle n'avait pas le temps de prendre. Par malheur elle était toujours malade.... Qui ne serait pas malade avec cette vie ! Sans cela, disait-elle, elle se trouverait trop heureuse !

Le lit de la guérite était trop petit, et d'ailleurs les punaises s'en étaient emparées ; *aussi depuis deux ans elle ne s'était pas couchée ;* je me trompe : elle se coucha une fois dans cet intervalle, pendant huit jours, à la suite d'une chute la nuit, sur le verglas, chute qui faillit l'estropier pour toute sa vie ! Son bonheur, sa consolation avec toutes ses peines, c'était la prière ; la pluie la mouillait à ne plus pouvoir se sécher, elle priait ; le froid lui prenait les pieds, les mains, la figure, à ne plus les sentir, elle priait ; la lassitude appesantissait ses paupières, elle priait pour se tenir éveillée ; puis elle contemplait son petit reposoir de poupée, dont elle ne se lassait jamais d'admirer la jolie sainte Vierge, le joli saint Joseph. Je lui dis qu'elle était bien pâle et bien fatiguée. « Je ne le savais pas, » reprit-elle naïvement. Elle n'avait pas même un miroir.

UN PEU DE TABAC.

M. Édouard Fournier a raconté, dans la *Patrie*, l'anecdote suivante qui a sa place marquée parmi nos faits de charité :

« Une famille bourgeoise était tombée d'une aisance fort honorable dans une misère complète, par suite d'une de ces spéculations dont s'affole notre époque et qui, je le crains, mettront longtemps à perdre leur prestige ; car si l'on voit les rares heureux qu'elles font, on ne connaît pas les malheureux qu'elles ruinent ; car avec elles les fortunes s'élèvent ave cfracas ou s'écroulent sans bruit, de sorte qu'il n'y a du retentissement que pour le succès qui enivre, jamais pour le malheur qui instruit.

« Le père qui aurait pu relever cette maison était mort à la peine, et tout le poids de sa misère était retombé sur la mère, pauvre femme à qui un assez long usage de l'aisance avait fait perdre l'habitude du travail et du besoin. Elle cherchait une petite place et, pour cela, s'était adressée à un vieil ami de la famille, homme du meilleur cœur, du caractère le plus dévoué. Il avait promis de faire toutes les démarches nécessaires et il tenait sa promesse avec la plus obligeante activité. Malheureusement l'encombrement des demandes semblables gênait l'empressement de la sienne : tout ce qu'il avait pu faire était de transmettre aussi riantes que possible, à la pauvre famille, les espérances trop peu certaines qu'on lui avait fait concevoir à lui-même.

« Cependant les ressources s'épuisaient une à une. On en était réduit dans la famille désolée à ces expédients suprêmes qui ajoutent la ruine à la ruine, en arrachant, lambeau par lambeau, de la maison, ce que la misère y a laissé de précieux et de sacré. Un jour c'était la montre qui s'en allait dans le gouffre sans fond du mont-de-piété ; un autre jour, la chaîne, les bijoux, les bagues, hormis l'*alliance* cependant, car il faut bien des journées passées sans pain pour que la mère de famille se décide à abandonner ce dernier gage.

« La pauvre femme dont nous parlons avait reçu de son mari, au jour de leur petite fortune, une tabatière d'argent qu'il lui avait fait promettre de ne jamais quitter. Depuis sa mort, ce présent n'était que plus précieux et plus cher ; aussi malgré le dénûment qui croissait et qui déjà avait dévoré presque tout le reste, la tabatière n'avait pas encore disparu. Seulement le tabac frais y manquait bien souvent. L'ami connaissait ce présent et tout le prix que la femme y attachait. Un matin qu'elle vint le voir plus triste, plus amaigrie, plus en deuil que jamais, il s'aperçut qu'elle n'avait plus sa tabatière.

« C'en est fini, se dit-il, il n'y a plus rien dans, cette maison, et ce soir peut-être tout le monde y sera mort de faim.

« Ce n'étaient plus des promesses, des espérances qu'il fallait maintenant, mais une aumône ; et comment la faire accepter ? Il y a, en effet, de ces misères fièrement portées, qui effarouchent même la plus intrépide bienfaisance. La misère de la pauvre femme était de celle-là. L'ami roulait déjà sous ses doigts deux doubles louis et il s'enhardissait à les offrir le plus discrètement possible, lorsque sur un dernier regard presque orgueilleux où il crut lire qu'on l'avait compris, il s'intimida tout à coup et n'osa plus. Cependant il était impossible qu'il laissât partir ainsi cette malheureuse femme que toute une famille sans pain attendait chez elle.

« Tout en causant, car il prolongeait l'entretien, espérant une inspiration du hasard, il la vit qui grattait du bout de l'ongle, pour y ramasser quelques grains de tabac, le fond de la grossière boîte de carton qui avait remplacé dans ses mains la jolie tabatière d'argent.

« — Ce que vous faites-là n'est pas bien, lui dit-il ; comment vous avez oublié d'acheter du tabac ce matin, et vous ne m'en demandez pas à moi qui en ai là du tout frais qui embaume ; c'est mal.

« Et il lui tendit sa tabatière, où la pauvre femme plongea des doigts affamés.

« — Ce n'est pas tout, ajouta-t-il, je veux pour aujourd'hui faire votre fourniture. Donnez-moi votre boîte.

« Elle se laissa faire, car un peu de tabac peut bien s'accepter. Il mit adroitement au fond les deux doubles louis, puis vida par-dessus toute sa tabatière.

« — C'est trop !

« — Non ; d'ailleurs il est parfait, et je vous jure qu'il vous fera du bien.

« Avouez qu'on ne fait pas plus délicatement l'aumône. »

EN POLICE CORRECTIONNELLE.

Charlemagne Lavoine comparaît devant le tribunal correctionnel sous la prévention de mendicité. L'audiencier l'invite à se lever de son banc et à se tenir debout, mais c'est pour lui une rude besogne. En outre de ses soixante-dix ans, il est affligé d'une paralysie presque complète, et ceux de ses membres qui peuvent se mouvoir sont atteints d'un mouvement convulsif assez semblable à la danse de Saint-Guy. A l'aide d'une canne qu'il tient de la main droite et en appuyant la main gauche sur la barre, il parvient enfin à se tenir sur ses jambes.

M. le président Coppeaux lui demande s'il avoue avoir mendié.

Ici se révèle une nouvelle infirmité : le pauvre Charlemagne est sourd ; il veut faire de sa main un cornet acoustique, mais pour cela il lui faut quitter le point d'appui de sa canne ; il perd l'équilibre et il se hâte de reprendre son point d'appui pour le rétablir.

M. le président l'engage à s'asseoir et lui fait connaître que le 11 août un agent l'a vu demander l'aumône et la recevoir.

Le vieillard murmure quelques mots qui ne sont ni une affirmation ni une négation.

M. le président : Vous n'avez plus d'état, vous ne pouvez plus travailler ?

Charlemagne : J'étais serrurier et un bon ; mais voilà longtemps que le marteau est trop lourd.

M. le président : En effet, il y a déjà longtemps que vous ne travaillez plus, car vous avez été condamné deux fois pour mendicité, la première fois en 1851. Vous été donneur d'eau bénite à Saint-André ; pourquoi n'avez-vous pas gardé ce petit emploi qui ne demande pas beaucoup de force ?

Charlemagne : Impossible ; avec mon tremblement, je casse tout ce que je touche, et les paroissiens se plaignaient à M. le curé qu'au lieu de leur donner chrétiennement de l'eau bénite, je leur donnais des coups de goupillon sur les doigts.

Pendant ce dialogue, une pauvre femme vieille, bien vieille, s'est approchée tout doucement de la barre, guettant le moment où elle pourra intervenir.

« Est-ce que vous êtes la femme du prévenu ? lui dit M. le président.

— Oui, monsieur, répond-elle, depuis quarante-neuf ans. Je suis bien plus âgée que lui, j'ai soixante-dix-huit ans, mais je travaille pour lui et pour moi, et il ne manque de rien avec moi. C'est bien naturel, puisque le pauvre homme a une paralysie générale et trois ou quatre autres maladies l'une sur l'autre, qu'il lui faut toutes ses forces rien que pour se tenir.

M. le président: Vous savez qu'il a été condamné trois fois pour le même délit. S'il est incorrigible, il faudra le faire entrer au dépôt de mendicité.

La bonne femme: Pauvre cher homme ! qui est-ce qui l'habillerait ? qui est-ce qui lui soufflerait sa soupe et un tas de complaisances qu'il faut avoir pour lui ? Ça serait le faire mourir avant sa mort ; s'il vous plaît, vaut autant nous laisser ensemble, puisque j'ai encore la force de travailler pour nous deux.

M. le président : Alors veillez à ne pas le laisser sortir.

La bonne femme : C'est difficile quand il fait un bon moment de soleil, mais je ne le laisse jamais sortir sans argent. Si vous voulez que je vous dise, ça doit être des mauvais sujets dont il fait rencontre et qui lui disent de demander pour eux aller boire. »

LES EMPLOYÉS D'UN CHEMIN DE FER.

La lettre suivante publiée par divers journaux vers la fin de l'année 1857 nous semble digne d'être reproduite dans un recueil destiné à perpétuer le souvenir des belles et bonnes actions.

« M. Lalande, homme probe, intelligent et actif, père de sept enfants, dont l'aîné a onze ans à peine et le plus jeune seulement quelques mois, était depuis longtemps déjà attaché au service de la compagnie des chemins de fer du Midi en qualité de chef de train. Sa moralité, son aptitude, son dévouement lui avaient concilié, à juste titre, l'estime de ses chefs, la sûre et bonne amitié de ses camarades, le respect de ses inférieurs.

« Il y a six mois environ que sa santé s'altéra à un tel point que ses chefs durent lui intimer l'ordre de cesser son service, afin qu'il lui fût donné de rétablir ses forces.

« Son service, c'était son bonheur, sa vie, parce que là était le pain de sa nombreuse et si intéressante famille; aussi, pendant deux mois encore, s'acquitta-t-il des devoirs qui lui étaient imposés par son grade toutes les fois que ses forces le lui permirent. Il dut s'arrêter, hélas! car pour lui commença une agonie qui devait durer quatre mois; une agonie sublime de résignation et de foi, pendant laquelle il n'a cessé d'être un sujet d'édification pour tous. Hier, nous l'avons conduit à sa dernière demeure. C'était le convoi du pauvre : un prêtre, quatre porteurs; c'était le convoi du juste, du vrai chrétien, du bon et loyal camarade; aussi y a-t-on vu pleurer des hommes énergiques et courageux qui ne tremblent pas devant la mort, puisqu'ils l'affrontent chaque jour pour la sécurité des voyageurs.

« La maladie et la longue agonie du brave Lalande ont été l'occasion de quelques traits de dévouement, de générosité et de désintéressement, qu'on sera heureux de lire, j'en ai la certitude.

« Plusieurs dignes prêtres, parmi lesquels nous avons la joie de voir un des hauts dignitaires de l'Église, se sont souvent assis au chevet de notre bon chef de train et l'ont entouré, ainsi que sa famille, de soins de toute sorte. Je n'insiste pas : le clergé de Bordeaux fait immensément de bien, mais il ne veut pas qu'on le dise.

« MM. les chefs de train n'ignoraient pas que la compagnie faisait compter à Lalande l'intégralité de sa solde, quoiqu'il fût alité; cependant leur dévouement et leur générosité les ont portés à s'imposer de rudes privations pour suffire non-seulement aux besoins de leur camarade, mais encore à ses fantaisies, à ses exigences de malade. Ils songeaient à leur ami, à sa femme, à ses sept enfants, au bien-être qu'ils leur apportaient; c'était assez pour leur cœur, et chaque mois ils se cotisaient afin d'avoir à offrir une somme considérable.

« Lalande, frappé de son état d'épuisement, manifesta un jour devant ses camarades le désir qu'il aurait d'être visité par le chirurgien en chef de l'hôpital militaire. Ce désir fut un ordre pour nos bons chefs de train. Peu d'instants après une voiture déposait le docteur désiré à la porte du malade. Mais avec un médecin il fallait aussi un pharmacien en dehors du service de la compagnie. Nos braves gens n'hésitent pas; ils se rendent chez M. Hugon Godefroy, et ils disent là ce qu'ils ont dit chez le docteur : « Soignez notre camarade, c'est nous qui répondons, c'est nous qui payerons. »

« L'exactitude est l'une des qualités des nobles cœurs ; aussi hier, M. Millet, chef de train, délégué par ses camarades, dut-il se rendre, en revenant de l'enterrement de Lalande, chez M. Hugon Godefroy, pour y solder la dette que tous avaient contractée et s'élevant à quatre-vingts francs environ. La note n'était pas faite, elle fut promise pour le lendemain.

« M. Hugon, après s'être informé s'il n'y avait plus de malade chez M. Lalande, demanda à M. Millet quelle était la position de la famille. Il lui fut répondu qu'il restait une veuve riche de sept enfants.

« M. Hugon dit alors avec un magnifique élan du cœur : « Je vous remettrai demain la note acquittée, et comme je m'estime heureux de m'associer à votre belle action, je vous prie d'en compter, en mon nom, le montant à madame veuve Lalande. »

« J'étais là : j'ai saisi une main de M. Hugon, M. Millet a saisi l'autre, et c'est avec des larmes dans les yeux que nous l'avons félicité de son noble désintéressement. »

LES ORANGES.

Madame de C*** habite un château du département de l'Oise. Bien des personnes vantent sa grâce et la distinction de ses manières. Quant aux malheureux, aux déshérités de ce monde, ils ne savent que bénir sa douce piété, sa bienfaisance inépuisable. Il y a quelque temps, madame de C*** visitait, selon sa louable habitude, les malades de la commune. Un pauvre vieillard attendait, avec la plus grande impatience, l'arrivée de celle qu'il regarde comme l'ange de la consolation. Il nourrissait un petit projet dont il n'avait fait part à personne. Depuis bien des années, il avait vu des oranges, mais il n'en avait jamais goûté. « Ces pommes dorées sont si belles! se disait-il; elles doivent être bien bonnes! » A l'arrivée de sa bienfaitrice, le malheureux lève vers elle un regard timide et se hasarde à lui faire part de son désir. Madame de C***, qui est aussi prudente que bonne, se contente de sourire et ne promet rien. Mais elle consulte le docteur et ne tarde pas à rendre au malade une seconde visite. Cette fois, elle apportait de superbes oranges; la vue de ses fruits magnifiques donne des forces au pauvre vieillard; et, quand il en a goûté, il ne sait comment exprimer sa satisfaction. Dans l'excès de sa joie, il s'écrie naïvement : « Ce n'est pas une pomme qui a tenté Adam et Ève au paradis terrestre, c'est une orange ! »

L'ÉPI DE DIAMANT.

Il y avait grand bal à l'hôtel de l'ambassade d'Angleterre.

Un pauvre vieillard dormait appuyé sur une borne non loin de l'hôtel de l'ambassade. Éveillé par le bruit des voitures, il voulut s'en aller; mais le froid, l'épuisement et la vieillesse avaient engourdi ses membres; il retomba à genoux en poussant un soupir douloureux.

Une jeune femme, belle comme un ange, entendit, malgré le tumulte qui l'entourait, la plainte du pauvre vieillard. Elle s'approcha de lui, le regarda, et, comme elle n'avait rien à donner, elle détacha un épi de diamant de ses cheveux qu'elle offrit elle-même au vieillard. Puis, comme les personnes qui la regardaient semblaient étonnées :

« N'est-il pas juste, dit-elle, que le pauvre glane après la moisson ? »

Un instant après elle avait disparu, et le pauvre, les mains jointes, priait pour la jeune duchesse de ***.

PRINCESSE ET FERMIÈRE.

Voici un mot charmant de l'archiduchesse Charlotte, quand elle était vice-reine de Lombardie. Le prince son mari ne voulait point qu'il y ait de fermes dans le parc de la villa reale de Monza; de là grand chagrin des paysans congédiés. La princesse, se promenant un jour dans le parc, entre chez l'un d'eux et le trouve très-affligé.

« Il est bien vrai, madame, lui dit-il, qu'on nous a prévenus à temps pour que nous ayons à nous pourvoir ailleurs de terres à cultiver, mais je n'ai pu en trouver encore, et le jour approche où il nous faudra déménager, moi et toute ma famille. Nous sommes nombreux, et je ne sais comment nous pourrons trouver un gîte et des ressources. »

Rentrée au palais, la princesse pria son mari de faire au moins une exception pour ce pauvre homme.

« Impossible, ma chère amie, la mesure est générale.

— Alors, c'est moi que vous mettrez à la porte.
— Et comment?
— C'est que moi-même j'ai pris cette métairie et ne suis plus que votre fermière, monseigneur. »

On n'a pas besoin d'ajouter que la grâce fut accordée.

II

BEAUX EXEMPLES ET BONNES LEÇONS.

UNE VENGEANCE.

Le cercueil était simple : c'était un pauvre misérable cercueil de sapin, aucune fleur ne l'ornait; pas de coussin de satin blanc rosé pour reposer cette tête au front pâle; pas de soyeux rubans autour de ce triste linceul. Les cheveux bruns qui encadraient ce visage décoloré étaient décemment arrangés, mais nulle coiffure ne les dérobait aux regards. La victime de la cruelle misère semblait sourire dans son sommeil; elle avait trouvé du pain, le repos et la santé.

« Je veux voir ma mère, » dit en sanglotant un pauvre enfant au moment où l'entrepreneur des pompes funèbres de la ville clouait le cercueil.

« Vous ne le pouvez pas, répliqua-t-il rudement; hors de mon chemin, garçon; comment quelqu'un ne prend-il pas ce gamin?

— Laissez-moi la voir une minute seulement, » s'écria l'orphelin abandonné sans aide et sans espoir, se cramponnant au couvercle de la bière que la charité avait donnée à sa mère.

Et tandis que son regard se fixait avec angoisse sur les traits farouches de cet homme, des larmes de désespoir coulaient le long de ses joues, sur lesquelles n'avait jamais brillé la fleur de l'enfance. C'était désolant de l'entendre crier :

« Une fois seulement, laissez-moi voir ma mère seulement une fois ! »

Le monstre sans cœur rejeta si brutalement l'enfant en arrière, que le pauvre petit trébucha. Un instant il frémit de douleur et de rage ; son œil bleu s'agrandit, sa lèvre se projeta, ses dents grincèrent et un éclair traversa ses larmes. Il leva son bras chétif, et, d'une voix qui n'avait rien de l'enfant :

« Quand je serai homme, je vous tuerai, » dit-il.

. . . .

L'immense salle du tribunal était comblé.

« Personne ne se présente-t-il pour servir d'avocat à cet homme ? » demanda le juge.

Un silence glacial accueillit ces paroles.

Il y avait dans l'auditoire un jeune étranger dont les lèvres fortement serrées trahissaient une profonde émotion; ses traits accusaient une intelligence supérieure qui n'excluait pas une certaine réserve. Il s'avança d'un pas ferme et le regard plein de feu pour plaider la cause de l'accusé sans défense.

Son discours fit une profonde sensation, son éloquence entraîna l'auditoire, et son génie convainquit les juges : l'homme sans défense fut acquitté.

« Que Dieu vous bénisse, dit ce dernier; moi, je ne le puis !

— Je n'ai que faire de vos remercîments, répondit froidement l'étranger.

— Je... je crois que vous m'êtes inconnu.

— Homme, je viendrai au secours de votre mémoire. Il y a vingt ans, vous rejetâtes loin du cerceuil de sa mère un pauvre enfant dont le cœur était brisé. J'étais ce pauvre enfant. »

L'homme devint livide.

« M'avez-vous sauvé pour me prendre la vie ? » demanda-t-il.

— Non, repartit le jeune homme, j'ai une plus douce vengeance : j'ai sauvé la vie à l'homme dont la brutalité a fait à mon cœur une plaie qui s'est envenimée pendant vingt ans. Allez, souvenez-vous des pleurs de l'enfant sans protection ! »

L'homme courba la tête sous le poids de sa

honte et quitta l'étranger, dont la magnanimité était aussi grande qu'incompréhensible, mais dont Dieu avait le secret; aussi le jeune avocat sentit-il dans son âme le sourire de celui à qui il avait sacrifié sa vengeance.

ALLEZ VOUS FAIRE PENDRE AILLEURS !

Il y a quelques jours, nous racontait une personne de notre connaissance, j'étais en compagnie de huit ou dix personnes, chez une dame qui venait de renvoyer sa cuisinière.

Encore toute émue de cette expédition, elle nous raconta la cause de cette animation. Cette fille la volait indignement : des couverts d'argent, des bijoux avaient disparu ; on aurait soupçonné d'autres personnes. La vraie coupable venait d'être prise sur le fait, comme elle volait de l'argent dans un secrétaire. La dame avait d'abord voulu la faire arrêter, mais elle s'était laissé toucher par les pleurs et le repentir de la malheureuse, et s'était contentée de la renvoyer en lui disant l'expression proverbiale :

Allez vous faire pendre ailleurs !

— C'est très-vite dit, interrompit le général F..., un de nos Africains les plus distingués; mais quand ils vont se faire pendre ailleurs, c'est toujours aux dépens de braves gens qui n'en peuvent mais, et qui, sans notre indulgence, ne seraient pas victimes de votre voleuse.

— Son repentir était si sincère, reprit la dame, que je ne serais pas étonnée qu'elle me restituât ce qu'elle m'a volé, comme elle m'en a fait la promesse.

— Que Dieu vous en garde ! s'écria le général.

— Que voulez-vous dire? demanda la dame étonnée.

— Écoutez, madame, ce qui m'est arrivé l'hiver dernier. »

Les fauteuils se rapprochèrent; le cercle se resserra autour du général, qui reprit la parole :

« C'était à la fin du mois de décembre dernier. Je revenais d'un bal, rue Saint-Dominique, et je regagnais les Champs-Élysées. Au coin de la rue Bellechasse, un gaillard robuste, collé contre une porte, se rua sur moi en faisant le moulinet avec un gourdin et me demanda la bourse ou la vie. Je suis très-fort et on ne m'intimide pas aisément. Je saisis mon homme à la cravate, et, lui donnant un vigoureux coup de poignet, je lui fis sentir les premières atteintes du supplice du garrot. Je le traînai râlant juste sous un réverbère, et je reconnus mon homme pour un zéphir des plus indomptables.

— C'est toi, misérable Robert, lui dis-je et l'appelant par son nom. Comment, drôle, tu ne te lasseras donc pas de me voler? Tu ne te contentes donc pas de ces vingt-cinq louis que tu me volas à Mostaganem et pour lesquels j'ai bien voulu me contenter de te faire mettre à la salle de police?

— Ah! mon général! Sacr..., faut-il que j'aie du guignon de tomber sur vous! Je vous ai reconnu tout de suite au poignet.

— Eh bien! tu va me suivre au poste.

— Oh! mon général, je vous en prie, ne me perdez pas; je vous jure que je vais me corriger. Je deviendrai honnête homme... là... parole de soldat. Et, tenez, pour vous prouver la sincérité de mon repentir, je vous rendrai, avec le temps, les vingt-cinq louis que je vous ai volés à Mostaganem.

— Je me laissai toucher par les prières de mon voleur, et je le laissai aller en lui disant que je le tenais quitte de mes vingt-cinq louis.

— Non, non, s'écria-t-il, en prenant la fuite... Je tiens à vous les rendre pour vous prouver que je suis fidèle à ma parole.

— Au commencement du mois de mai dernier, je reçus du midi de la France une lettre chargée, qui contenait cinq billets de 100 fr. La lettre était ainsi conçue :

« Mon général,

« Vous allez partir pour l'Italie..... Vous serez peut-être tué. Je ne veux pas que vous emportiez dans l'autre monde une mauvaise idée de Robert. Je me corrige tous les jours. Je suis assez heureux pour pouvoir vous renvoyer vos 500 francs que je vous ai volés. Ils m'ont coûté assez cher, allez! A Bordeaux, j'ai attendu un négociant qui sortait du Cercle, et je lui ai pris son gain au jeu, 220 fr. J'ai rôdé ensuite dans la campagne, où j'ai assassiné un paysan qui revenait de vendre ses bestiaux au marché, 130 fr. Un marchand de cochons à qui j'ai donné une danse près de Bayonne m'a procuré le reste de la somme, plus quelques pièces de 5 fr. pour regagner l'Algérie, où je vais reprendre du service.

« Vous voyez, mon général, qu'un bienfait n'est jamais perdu. « ROBERT. »

— Vous jugez, ajouta le général, si cet argent me pesait. J'ai fait d'inutiles recherches pour trouver les victimes des vols de mon zéphir, et, ne voulant pas garder ces cinq cents francs, je les ai donnés aux pauvres. Mais j'ai toujours des remords d'avoir envoyé mon homme *se faire pendre ailleurs.* »

HENRY.

Henry, le plus jeune des enfants de M. d'Alméras, né comme ses autres frères avec d'heureuses dispositions, avait été gâté de bonne heure par la faiblesse d'une aïeule qui faisait tout céder aux volontés enfantines de son petit-fils. Monsieur et madame d'Alméras s'en alarmaient avec raison, mais leur déférence pour leur mère les obligeait à passer sur bien des caprices. La déplorable facilité de toute la maison à satisfaire aux moindres désirs de l'enfant le rendait irritable à l'excès quand il trouvait de la résistance. Néanmoins, un jour on l'avait contrarié : il avait demandé une chose qu'on ne pouvait, sans l'exposer, accorder à son âge. Aussi, quelle explosion de colère ! Quelle mauvaise humeur contre tout le monde ! Tout s'en ressentait; jusqu'à sa jolie sœur qu'il aimait tendrement et qu'il accusait de faire cause commune avec *les autres*. A l'entendre, sa bonne maman ne l'aimait plus; sa mère même ne pouvait plus le souffrir; on lui refusait tout !

Henry, mécontent de tout le monde et de lui-même, va promener sa grande douleur par un beau soir d'automne : la tristesse de la nature, les feuilles pâles et flétries qu'il froissait sous ses pieds, tout semblait se conformer à son infortune. Il s'achemine lentement vers la ferme voisine, habitée par une famille nombreuse, dont le père, habile tisserand, homme très-courageux et très-rangé, travaillait une grande partie de l'année pour le château d'Alméras. Il entre, l'œil en pleurs ; on s'empresse autour de lui ; on le comble de caresses : il reste indifférent à ces marques d'amitié; une seule chose l'occupe.

« Mon cher petit monsieur, vous avez du chagrin? lui dit la bonne Marguerite. — Que je suis malheureux! s'écrie Henry. — O mon Dieu! qu'est-ce donc? Est-il arrivé quelque accident à nos respectables maîtres? — Non pas. — A votre bonne maman, la chère dame? — Oh! non. — Quelqu'un de vos frères est-il malade, votre jolie sœur que vous aimez tant? — Ce n'est pas cela. — Pour vous, mon petit monsieur, vous êtes en bonne santé; vous êtes frais et gentil ! — Je voudrais être malade... mort!... ils verraient après. — Que vous m'affligez!... Mais voici mon mari qui revient de la ville; il pourra vous consoler. »

En effet, c'était le bonhomme; il revenait un ballot sous le bras, tenant à la main une longue mesure qui lui servait de bâton. Il entre, embrasse sa femme, ses enfants, sa vieille mère, salue M. Henry, et, remerciant Dieu de son heureux voyage : « J'ai bien vendu ma toile, dit-il;

aussi, mes amis, je vous ai acheté de quoi vous vêtir cet hiver : c'est un drap bien chaud ; il n'est pas brillant, mais il est solide. Avec cela et le blé dont nous sommes approvisionnés, nous passerons heureusement la dure saison, n'est-ce pas? Nous autres, pauvres gens, nous ne pouvons, comme M. Henry, porter de beaux habits de soie, nous nourrir de mets délicats, avoir tout à souhait. Il est bien heureux, M. Henry! » L'enfant l'écoutait et ne disait mot; il commençait à réfléchir.

« Mon ami, dit Marguerite, as-tu rencontré dans ton chemin une pauvre femme avec trois enfants demi-nus? Ils mouraient de faim; je leur ai donné à manger. Je regrette beaucoup de n'avoir pu trouver quelques haillons pour les vêtir. A propos, voici du drap pour me faire un mantelet neuf; je veux donner mon vieux, tout rapiécé, à la pauvre veuve. — Maman, s'écrie un gros garçon de l'âge de Henry, si tu le permets, je vais courir après elle ; elle ne doit pas être loin. — A merveille! mon cher petit Louis, répond le père attendri ; sois bienfaisant, Dieu te bénira. Mais je connais la malheureuse, et je me charge de cette affaire.

— Mes enfants, continua le père de famille, comparez votre sort à celui de ces infortunés, qui ne savent où aller coucher ce soir, et vous vous estimerez heureux. — Papa, interrompit le gros garçon, je ne demande qu'une chose au bon Dieu ; c'est de grandir bien vite pour travailler avec toi. — Cela viendra, mon enfant. Hélas ! ces petits malheureux que vous avez vus n'auront jamais les moyens de travailler, eux ; ils ne peuvent apprendre un métier. Peut-être feront-ils des vagabonds ; et s'ils perdaient leur pauvre mère, que deviendraient-ils ? Si j'étais plus à mon aise, je prendrais l'aîné en apprentissage... O mon cher M. Henry ! que vous devez vous trouver heureux quand vous êtes témoin de tant de misère ! » Henry baissait la tête et réfléchissait davantage.

« Mais, reprit Marguerite, M. Henry m'assurait à l'instant qu'il voudrait être mort. — Mort ! Pourquoi cela ? — Il se dit malheureux. — Vous, malheureux ! c'est impossible, c'est un blasphème !... » Alors l'enfant sentit combien il était coupable de se plaindre. Il rougit, pleura, avoua qu'on avait raison de s'opposer à son caprice ; qu'il était trop jeune encore pour avoir un cheval comme M. Émile, plus âgé que lui de deux ans, et jeune étourdi dont la faible mère servait aveuglément toutes les fantaisies. Il revient au château, le cœur gros de repentir, court se jeter dans les bras de sa mère, fait venir sa bonne maman, son père, ses frères et sa jolie sœur, appelle tous les domestiques. On accourt, on ignore son dessein. Henry tombe à genoux, demande pardon à tous ceux qui ont subi sa mauvaise humeur, s'écrie qu'il renonce à ses caprices, raconte avec chaleur ce qu'il vient de voir et demande une autre faveur au lieu de celle qu'il avait tant sollicitée : c'est de placer en apprentissage chez le tisserand le fils de la pauvre veuve. Cela ne coûtera pas plus que l'achat d'un cheval, qui sûrement eût jeté par terre l'inhabile cavalier.

Cette scène fut attendrissante ; on pleura, on s'embrassa. Henry, dès ce moment, n'eut plus de fantaisies que pour le bien. Désormais il se trouva très-heureux, et chaque bonne action qu'il faisait ajoutait à son bonheur.

LES GOURMANDS.

S'il est un vice honteux, avilissant pour un enfant bien né, c'est sans contredit la gourmandise, vice ordinairement suivi de bien d'autres, tels que le dégoût du travail, la paresse et le mensonge. Quoi de plus vil en effet que la gourmandise ? Ne nous ravale-t-elle pas à la condition de ces animaux immondes qui n'ont que l'instinct d'une basse nature ? Je me trompe, la brute se contente de satisfaire son appétit, elle le dépasse rarement. Pourquoi faut-il que l'être irraisonnable, fait pour obéir à l'homme, son maître et son roi, lui donne souvent l'exemple de la sobriété, cette vertu si nécessaire au développement du corps et de l'intelligence ? Honte à l'enfant adonné à ce vice, source de tant de maladies dangereuses et de ces maladies morales qui le rendent incapable de s'appliquer à aucune étude sérieuse, il devient le jouet et la risée des autres, heureux encore s'il ne paye pas de la vie son abjecte passion !

Si ce défaut, qui est bien grand, puisque l'église en fait un péché capital, pouvait quelquefois se pardonner, il semblerait que ce devrait être en faveur de ces malheureux enfants qui, privés de tout secours, tendent une main suppliante à la porte d'autrui, pour se procurer un morceau de pain qu'ils arrosent souvent de leurs larmes... Il peut être permis à ces infortunés, inaccoutumés aux douceurs de la vie, de dévorer avec avidité des mets délicats, quand ils en ont en leur pouvoir ; ils seraient excusables, si la gourmandise pouvait l'être jamais. Mais que de jeunes gens heureux, nés dans une condition qui les met à l'abri de tous les besoins, abondamment pourvus de tout ce qui peut leur être agréable, soient sujets à ce vice, c'est ce qu'on ne peut ni concevoir ni tolérer.

Et cependant l'expérience nous prouve que

plus d'un enfant d'honnête maison est enclin à ce vilain défaut. Puisse l'histoire que je vais vous raconter, mes chers enfants, histoire bien tragique, vous faire éviter pour toujours le honteux péché de la gourmandise !

C'était dans un vieux château de la province d'Angoumois ; non loin des rives que baignent les eaux de la Charente. Cet antique manoir était habité par un seigneur doué de toutes les qualités qui constituent le vrai mérite ; il était bon, doux, avenant pour tout le monde, de mœurs pures, brave et religieux comme on l'était assez généralement dans ce temps de fidélité et de chevalerie. La providence lui avait accordé deux enfants, Oscar et Alphonsine. Ce bon père avait mis tout son espoir dans l'avenir de son fils et de sa fille, principalement dans Oscar qui devait un jour remplacer son père, hériter de ses vertus, et de sa réputation si justement méritée ; telles étaient du moins les pensées du preux gentilhomme. Rien n'était négligé pour l'éducation de ce fils bien-aimé, tous les maîtres d'arts et d'agréments étaient à sa disposition ; c'était ce qu'on appelle l'enfant chéri, caressé de tous, que trop peut-être, car il s'en prévalait. La flatterie gâta toujours les meilleures dispositions.

Cependant Oscar travaillait, faisait des progrès, contentait ses parens et ses professeurs, quand tout à coup il se relâche, néglige ses devoirs, et tombe dans la paresse et l'indocilité. D'où provenait un changement si subit ? Personne ne s'en fût douté, si de terribles résultats n'étaient venus l'apprendre.

Depuis quelque temps on s'apercevait de la disparition des plus beaux fruits du jardin ; au printemps, c'étaient les fraises, les framboises; plus tard, les cerises et les groseilles ; en autonne, les plus belles figues, les plus jolies pêches, les poires les plus savoureuses. Quel était l'auteur de tous ces larcins ? Ce n'était point Oscar; à l'entendre, c'était l'innocence même ; on ne pouvait, d'après lui, blâmer que le jardinier, les enfants de la laitière, ou même mademoiselle Alphonsine. Rien n'échappait à la main vorace de ce petit glouton ; pâtisseries, confitures, sucreries, tout cela devenait son butin le plus adroitement du monde. Si l'on avait un mets choisi destiné à être servi lorsqu'il y avait compagnie, on était sûr qu'il était goûté d'avance s'il ne devenait invisible ; alors ce n'était plus le jardinier, mais le chat ou le chien de la basse-cour qui s'était introduit dans l'office.

Un jour, étant allé chercher son rudiment pour l'étudier, Oscar aperçoit dans l'appartement de sa mère une jolie demi-douzaine de pêches, d'un rouge violet, bien veloutées, dignes de servir de modèles au pinceau le plus habile. Déja il les mange des yeux ; il hésite à les toucher, il sait que sa maman les a vues et comptées : le jardinier les lui avait offertes la veille, à l'occasion de sa fête. « Maudit jardinier ! s'écrie Oscar, il m'eût été bien plus facile de m'en régaler, s'il les eût laissées sur l'arbre; ce ne sont pas des fruits qu'on donne ordinairement pour bouquet, mais des fleurs. Oh ! que j'enrage de ne pouvoir satisfaire le désir que j'en ai ! Comme il me serait doux d'en goûter ! mais qu'en penserait maman ! Après tout, une de plus ou de moins n'est pas grand' chose ; ma foi, advienne que pourra, mangeons-en une ! Dieu ! qu'elle est bonne ! quelle chair délicate ! qu'elle goût succulent ! je ne saurais rester en si bon chemin, goûtons-en une autre, il ne m'en coûte pas davantage pendant que j'y suis ; au surplus si l'on gronde, qui m'empêchera de dire que c'est Alphonsine ? je l'aime pourtant bien, ma chère sœur, elle est si bonne pour moi... Voilà-t-il pas que je me laisse attendrir; allons, Oscar, du courage, une troisième. — Puis il finit par les manger toutes. — Passons au jardin maintenant ; rassurons-nous, faisons bonne contenance, plus d'un maladroit s'est laissé prendre à son air embarrassé. Et ma grammaire ? j'allais l'oublier. Qu'il est ennuyeux de toujours étudier, écrire, compter, dessiner ! Que je serais heureux si j'étais libre, du moins je me régalerais à mon aise, je ne craindrais pas d'être surpris à chaque instant ; car, malgré mes petites prouesses, je ne suis jamais tranquille, je tremble toujours d'être découvert. Ainsi raisonnait ce malheureux enfant, il avouait lui-même que son prétendu bonheur était loin d'être parfait, tant il est vrai que celui qui s'écarte des lois de Dieu, trouve toujours de l'amertume dans les plaisirs qu'il croit goûter.

La pauvre Alphonsine, douce comme la colombe, sage comme un ange, était accoutumée depuis longtemps à passer pour la gourmande, pour la voleuse des fruits et des autres friandises ; toutefois, elle pleurait et ne disait mot, parce que la vertu sait souffrir et non se plaindre. Elle venait dans la chambre chercher sa broderie qu'elle avait laissée sur la commode. Au même instant entre sa mère. « Je vous y prends, mademoiselle, vous ne pouvez nier le fait ; cette corbeille était pleine de pêches, il n'y a pas encore une heure, personne n'est entré ici que vous ; je savais bien que tôt ou tard je vous surprendrais. Je vais vous faire honte en présence de tous les gens du château, et si cette humiliation ne vous corrige pas, je vous envoie au couvent, où l'on vous tiendra de près. » Alphonsine sanglotait, se jetait aux genoux de sa mère, lui demandait pardon ; non pas qu'elle se reconnût coupable, mais pour l'apaiser : aimable et vertueuse enfant !

Cependant depuis quelques jours on soupçonnait Oscar; il avait même été pris en flagrant délit, et par le jardinier, et par la cuisinière, et enfin par son père. Il avait contre lui trop de preuves accablantes pour se disculper cette fois. Sa maman, trop faible pour lui, ne pouvait le croire coupable, surtout après avoir surpris Alphonsine auprès de la corbeille de pêches. Le vieux Baptiste, l'homme d'affaires du château, qui avait vu trois générations de maîtres, supportait avec peine qu'on osât même soupçonner son jeune favori; il l'aimait comme s'il eût été son fils; il le croyait sage et incapable de mal faire. Non, disait-il, monsieur Oscar n'a pas de vices, surtout le vice honteux de la gourmandise, je ne le saurais croire. On l'accuse d'avoir gaspillé les pots de confitures, et je suis sûr qu'il n'aime pas ces friandises-là, je ne lui en ai jamais vu manger, il m'en a même refusé lorsque je lui en ai offert. Ce ne peuvent être que les chats et les souris. Au surplus, je le saurai, je découvrirai sûrement les coupables, et je me charge de faire triompher l'innocence. Quel bonheur pour moi de venger mon jeune maître !

En effet, le vieil ami du château, agissant dans la persuasion qu'Oscar était innocent, prend une forte dose d'arsenic, et en mêle dans six pots de gelée de groseilles placés dans le dernier étage de l'office, où l'on ne pouvait atteindre qu'à l'aide d'une échelle. « Les chats ou les souris seront bien attrapés, dit le bon vieillard, et je pourrai alors proclamer l'innocence de monsieur Oscar. » Hélas ! cet homme de bien ne prévoyait pas l'issue fatale que devait avoir son désir de bien faire.

Le lendemain de cette téméraire épreuve, Oscar se rappelle qu'on a fait de la gelée au mois de juillet dernier ; il sait qu'elle est bonne, il en avait goûté ; il veut en goûter encore... Mais, comment faire pour l'avoir ? Il est trop petit pour cela. Le génie du mal est inventif ; il place sur le buffet une grande chaise qu'il surmonte d'une escabelle, se perche dessus, et commence son funeste repas... Il se hâte, il se dépêche d'avaler le poison sucré. Ciel ! que cette gelée est délicieuse ! je crois pourtant qu'on y aura mis trop de sucre, elle m'altère ; c'est égal, mangeons-en un pot de plus. L'imprudent en mange jusqu'à trois, il ne peut aller plus loin. Une épouvantable colique lui serre les entrailles, il se tord comme le serpent blessé ; un feu dévorant lui brûle l'intérieur ; ses muscles se contractent, une pâleur livide se répand sur son visage, d'affreux vomissements se déclarent... Aux efforts qu'il fait on arrive : quelle scène déchirante pour les parents, pour le vieux domestique surtout ! Tout est vain, et le secours des médecins, et les soins empressés des assistants. Vite on appelle le prieur de la paroisse, il n'a que le temps d'écouter la confession entrecoupée d'Oscar qui s'avoue coupable de tous les vols commis pour satisfaire sa gourmandise ; il demande pardon à sa bonne Alphonsine qu'il a tant chagrinée, implore la bénédiction de ses infortunés parents, et meurt au milieu des plus cruelles souffrances.

LA PEUR DES REVENANTS.

Le château d'Arcueil situé près de Paris dans la commune de ce nom appartenant au commencement de ce siècle à un vieux gentilhomme, M. le comte de Guise. Il y passait la plus grande partie de l'année et se reposait des longues fatigues qu'il avait éprouvées, à l'armée de Condé, pendant les guerres de l'émigration.

A la fin de l'année 1809, pendant le court séjour qu'il faisait à Paris, M. de Guise fut attaqué d'une violente maladie; il n'avait auprès de lui que ses domestiques, car il était veuf sans enfants; mais on fit promptement prévenir madame d'Ambly, sa sœur, qui habitait les environs de Bordeaux, et cette dame obtint de son mari de venir s'établir chez son frère jusqu'à ce qu'il fût guéri. Elle arriva à Paris accompagnée d'Eugénie, sa fille unique, âgée de treize ans, et pendant trois mois elle prodigua les soins les plus empressés, les plus attentifs à M. de Guise, pour qui elle avait une vive affection. Ce dévouement fut enfin récompensé ; au commencement de juillet, le mal céda, et le malade entra en convalescence ; il voulait de suite se rendre à Arcueil, le médecin le lui défendit, l'air et l'eau de ce pays ne lui convenant pas encore ; au contraire, il conseilla à madame d'Ambly, dont la santé était altérée par de trop longues fatigues, d'aller y séjourner quelques semaines.

M. de Guise exigea que cette ordonnance fût exécutée par sa sœur, et, vers la fin de juillet, elle se rendit à Arcueil avec sa fille Eugénie, une femme de chambre qu'elle avait amenée de Bordeaux et un domestique de son frère, garçon simple, crédule et prêt à s'effrayer de tout.

A l'arrivée de madame d'Ambly, le jardinier et sa femme, qui occupaient un petit bâtiment voisin du pavillon principal, s'empressèrent de la mettre en possession de toute la maison. Elle voulut aussi voir le jardin, le verger, le potager qui étaient considérables ; elle les trouva dans le meilleur état ; les fruits, les légumes étaient magnifiques et en grande abondance.

Le soir venu, elle remarqua que sa femme de chambre avait l'air fort inquiète. Ayant eu quelque ordre à donner au domestique, elle le fit venir et lui trouva le visage effrayé, enfin à neuf heures, lorsqu'elle dit à sa fille d'aller se coucher dans un cabinet contigu à sa propre chambre, Eugénie vint en pleurant supplier sa mère de la laisser passer la nuit avec elle, parce que seule elle mourrait de frayeur. Madame d'Ambly demande la cause de cette crainte subite ; Eugénie répond en sanglotant que toute la maison est dans l'effroi, parce que depuis deux mois il revient dans le jardin un spectre, un *Malabri*, qui se promène entouré de flammes et traînant des chaînes. Eugénie avoue tenir cette nouvelle de la femme de chambre qui l'a apprise de la jardinière.

Madame d'Ambly démontra à sa fille combien cette frayeur était ridicule; néanmoins, comme Eugénie tremblait toujours, elle la fit coucher dans son lit. Aussitôt qu'elle la vit endormie, elle appela ses domestiques et, sans explication aucune, fit fermer devant elle avec soin les portes extérieures, en prit les clefs et donna ordre à ses gens de se retirer immédiatement dans leurs chambres qui avaient vue sur la cour; elle monta ensuite chez elle et éteignit sa lumière, mais ne se coucha pas.

A minuit, elle aperçut une flamme qui approchait avec vitesse de la maison, et bientôt elle distingua quelque chose qui lui parut un homme couvert de longues draperies blanches ; ce que l'on apercevait de la tête ressemblait à un épouvantable groin. Le fantôme courait en traînant une chaîne et en agitant de chaque main un flambeau ; venu près de la maison, il poussa trois gémissements et disparut tout à coup avec un léger bruissement. Quelques instants après, madame d'Ambly crut voir dans l'obscurité le fantôme qui s'approchait de la maison, vers une porte dérobée qui n'avait pas de verrous en dedans, mais qu'elle avait fermée avec une barre ; elle entendit agiter cette porte qui ne s'ouvrit pas.

Une demi-heure s'écoula, puis madame d'Ambly entendit frapper trois coups, et au même instant le revenant parut au loin ; il parcourut le jardin dans tous les sens, en poussant des cris plaintifs, et il vint de nouveau disparaître au pied de la maison. Le reste de la nuit se passa tranquillement. Pendant l'une et l'autre apparition, aucun des chiens (il y en avait trois) ne fit entendre d'aboiement.

Le lendemain, dès cinq heures, madame d'Ambly était dans les jardins ; elle remarqua que les plus beaux fruits, les plus beaux légumes avaient disparu ; puis en passant sous les fenêtres de la cuisine, qui étaient ouvertes, elle entendit la jardinière se plaindre aux domestiques d'avoir été tourmentée toute la nuit, ainsi que son mari, par le *Malabri*. Ceux-ci lui répondirent qu'ils n'avaient rien entendu. Pendant le jour, madame d'Ambly ne parla à personne de ce qu'elle avait vu, mais, à dix heures du soir, elle alla recevoir à la grille extérieure et introduisit secrètement M. de Guise, qu'elle avait prévenu, par un exprès. Il fit venir aussitôt les domestiques, et les envoya dans leurs chambres, avec ordre de n'en sortir que s'ils entendaient crier; puis il alla s'établir sans lumière dans un salon d'été, qui avait sortie sur le jardin par la porte dérobée dont nous avons parlé. Il ne mit pas la barre de cette porte.

A minuit, même manége que la veille; le fantôme parcourut le jardin en courant, en criant, en agitant des flammes; il vint près de la maison, et M. de Guise le vit éteindre subitement les deux torches qu'il tenait à la main, en les plongeant dans un baquet d'eau qui sans doute ne se trouvait pas là par hasard. Il entendit mettre une clef dans la serrure de la porte dérobée, qui s'ouvrit et donna entrée à quelqu'un. La porte fut refermée, et le nouvel arrivé gagna doucement un corridor du premier étage, et se mit à le parcourir en gémissant d'une manière lugubre, et traînant une chaîne avec grand bruit.

M. de Guise avait suivi le revenant; il le laissa

gémir quelques instants, puis marcha vers lui et le saisit par ses vêtements. Le revenant eut sans doute grand'peur, car il poussa de grands cris et demanda miséricorde. A ce bruit, les domestiques, madame d'Ambly et sa fille arrivent avec des lumières, et l'on aperçoit, à genoux devant M. de Guise, le jardinier tout tremblant et affublé d'une manière fort grotesque : il était coiffé d'un crâne et d'une mâchoire de cheval, drapé d'un vieux drap sale, et ceint de la chaîne du chien de basse-cour. Cet attirail, vu de près, était plus risible qu'effrayant, aussi les domestiques avaient-ils bonne envie de se moquer du fantôme ; mais M. de Guise, qui voyait là tout autre chose qu'une plaisanterie, menaça le jardinier de le conduire chez le magistrat, s'il ne lui expliquait à l'instant ce qu'il venait faire chez lui au milieu de la nuit, et quel motif il avait de chercher à effrayer toute une maison. Craignant l'effet de ces menaces, le jardinier avoua que la maladie de M. de Guise lui avait fait espérer qu'il profiterait de toute la récolte du jardin ; que la venue de madame d'Ambly lui enlevant cet espoir, il avait, d'accord avec sa femme, tenté de l'effrayer pour lui faire quitter Arcueil. M. de Guise chassa de chez lui ce domestique infidèle, et vainement Eugénie demanda-t-elle sa grâce.

4.

L'ANTHROPOPHAGE.

Conte dédié aux petits enfants.

Une bonne femme d'Auxerre devait aller à quatre lieues de la ville pour visiter un de ses parents. Elle emmena avec elle ses deux petits garçons; quand ils eurent fait trois lieues, les enfants se trouvèrent tellement fatigués, que leur mère les fit coucher dans une auberge qui était près de là, au milieu d'un bois, et dont elle connaissait un peu le maître. Comme elle était attendue, elle dit qu'elle continuerait sa route et viendrait reprendre ses fils le lendemain matin.

A peine les enfants furent-ils couchés, qu'ils entendirent parler dans une chambre à côté : ils étaient fort curieux, ils allèrent écouter à une porte de communication et regarder par le trou de la serrure ; ils virent l'aubergiste et sa femme, et entendirent cette conversation :

— Sais-tu, ma femme, que c'est une bonne aubaine pour nous que ces deux petits drôles arrivés de la ville? — Certainement, et nous en tirerons bon parti. — Le grand couteau est-il en état? — Donne-lui un coup, cela ne fera pas de mal.

Et l'aubergiste se mit à repasser, sur une pierre, un énorme couteau, les deux curieux l'aperçurent distinctement.

— Ma femme, reprit-il, as-tu bien écuré la chaudière, pour les échauder aussitôt qu'ils seront morts, et crois-tu qu'ils pourront tenir tous deux dedans?

Les pauvres enfants ne voulurent pas en entendre davantage ; ils pensèrent qu'ils étaient tombés dans les mains d'un anthropophage, d'un ogre, et que leur dernière heure était arrivée. Ils ouvrirent à tâtons la fenêtre, qui était fort basse, et sautèrent dans la cour; mais là, ils se trouvèrent enfermés sans pouvoir sortir. Comme ils avaient grand froid, ils prirent le parti de se glisser dans un petit bâtiment qu'ils trouvèrent seul ouvert, et qui était un toit à porcs.

Ils passèrent la nuit fort désagréablement, mourant de peur et de froid. Ce fut bien autre chose, le lendemain matin, quand ils entendirent arriver l'aubergiste, qui ouvrit la porte en disant : — Allons, petits gueux, arrivez ici, que je vous coupe le cou; voyons si vous êtes délassés de votre course d'hier.

Les petits garçons se mirent à pousser des cris lamentables, ils se traînèrent aux pieds de l'aubergiste, en le suppliant de ne pas leur faire de mal.

— Mais, que faites-vous là, vous autres? leur dit-il.

Ils racontèrent ce qui avait causé leur effroi.

— Ah! vous écoutez aux portes? J'espère que

cela ne vous arrivera plus, car vous en voilà bien punis par la mauvaise nuit que vous avez passée. Apprenez que, quand je parlais de *mes deux petits drôles arrivés de la ville*, il était question de deux petits cochons que j'ai achetés hier, et que l'on m'a amenés dans la soirée ; tenez, les voilà qui dorment dans un coin ; leur affaire ne sera pas longue. Allez vous recoucher, petits curieux, et n'oubliez pas la leçon.

L'ONCLE RUINÉ.

Possesseur d'une grande fortune, M. de C..., à force de générosité, de désintéressement et de bonté, avait vu peu à peu s'évanouir ses richesses. En 1848, ses beaux domaines s'étaient en allés comme un jour du mois dernier il s'en alla lui-même. Depuis ce jour fatal, non pas le jour où l'excellent homme perdit la vie, mais le jour où il avait perdu 100,000 francs de rente, son neveu, qui l'avait aimé et choyé beaucoup jusque-là, ne songeait plus guère à lui, ne lui écrivait plus, ne s'informait pas même de l'état de sa santé. L'état de sa fortune avait tout changé.

Cependant, il y a quelques semaines, le neveu, qui habite Paris, lancé dans le grand monde, menant le plaisir et la fortune à grandes guides, reçut du château *** la nouvelle de la mort de son oncle !

— Pauvre bonhomme ! s'écria le neveu, si seulement il était mort quinze ans plus tôt !

Ce fut toute l'oraison funèbre du tendre neveu.

Le lendemain arrivait par l'entremise du notaire du défunt une lettre de ce dernier à l'adresse du neveu ; elle était concise et nette.

« Mon cher Adolphe, disait l'oncle, la Providence a bien voulu aider au rétablissement de ma fortune. Elle m'a comblé de ses grâces pour mes derniers jours... »

Le cher Adolphe tressaillit de joie. — Excellent oncle ! s'écria-t-il. Puis il reprit la lecture :

« Je pourrai donc encore faire quelque bien après ma mort comme il m'est arrivé pendant les jours heureux que le ciel m'a faits sur la terre... »

Ici M. Adolphe s'interrompit encore.

— Excellent oncle ! répétait-il. Et moi qui le croyais ruiné, parfaitement ruiné. Quelle chance ! Puis il continua la lecture de cette lettre fortunée.

« Seulement, mon cher neveu, j'ai cru cette fois devoir m'assurer que je ne ferai pas d'ingrats. C'est pourquoi vous trouverez bon que je laisse toute ma fortune, — peu de chose, cinquante mille livres de rente, — à deux petits cousins bien éloignés, mais qui n'ont cessé l'un et l'autre de me donner pendant les jours d'affliction les témoignages les plus sincères de leur dévouement et de leur consolante amitié pour le vieillard malheureux.

Je vous laisse à penser dans quel désappointement cruel la fin de cette lettre jeta M. Adolphe.

— Vieux fou! s'écria-t-il.

Aristophane avait bien raison de dire que les oncles ont dans leurs gibecières mille détours inconnus pour attraper les neveux.

UNE LEÇON DE FIDÉLITÉ.

Voici de la part d'un chien, un trait de dévouement et de fidélité dont il y a peu d'exemple.

« Un vieillard, habitant le faubourg de Schaerbeek, avait un chien de la plus commune espèce, et qui ne le quittait jamais. Après une courte maladie, le vieillard vint à mourir. Le pauvre animal, qu'on n'avait pu séparer de son maître pendant sa maladie, voulut le veiller après sa mort, et pendant près de trois jours il resta sous le lit du défunt, refusant de boire et de manger. Cependant l'heure des funérailles était venue, et l'on craignait que la pauvre bête ne laissât pas enlever le cadavre. On s'empara donc de force de la pauvre bête et on l'enferma jusqu'au lendemain.

« Enfin on crut pouvoir lui rendre la liberté, et on espéra qu'il accepterait quelque nourriture. Mais point, il refusa tout ce qu'on lui offrit et s'enfuit en toute hâte, en jappant d'une manière désespérée. On apprit le lendemain qu'après deux heures de recherches il avait découvert le cimetière et la fosse où l'on avait, la veille, enterré son maître, et qu'il était resté longtemps couché sur la terre fraîchement remuée, hurlant et pleurant comme pour appeler du secours. Depuis lors, il ne s'est pas passé un jour sans que le pauvre animal rende sa visite à la tombe de son maître. Il sait à quelle heure on peut entrer. Il arrive la queue basse, le nez en terre, et se faufile avec prudence dans le cimetière, comme s'il craignait d'en être chassé.

« Arrivé sur la fosse, il se couche en silence ; d'une patte tremblante, il remue faiblement la terre. Les surveillants ont une sorte de respect pour cette pauvre bête, si intelligente, si fidèle, et bien des gens qui entrent au cimetière avec insouciance, par désœuvrement, en sortent les yeux pleins de larmes. Quant au chien, indifférent à tout ce qui se passe autour de lui, à la curiosité dont il est l'objet, il reste là pendant un quart d'heure, abîmé dans un profond désespoir, puis disparaît pour revenir le lendemain.

LE CHIEN QUI SAUVE SON MAITRE.

Vers la fin du mois de novembre 1848, un navire portant cent cinquante passagers, partit d'Angleterre pour les États-Unis. Pendant les trois premiers jours un ciel pur et serein semblait leur promettre une heureuse navigation, tous espéraient déjà devoir arriver sans encombre au port, quand tout à coup un vent furieux s'élève, les cieux se couvrent d'épais nuages, un terrible ouragan se prépare; le tonnerre gronde et éclate, et le vaisseau, assailli par la fureur des vagues, vient se briser contre un rocher sur les côtes de Bretagne. Quel horrible spectacle ! Les passagers luttent en vain contre une mort inévitable ; l'impétuosité de l'onde les engloutit sans retour. Quelques matelots, errants çà et là sur la surface des eaux, font tous leurs efforts pour échapper au péril commun. Un petit nombre abordent au rivage et se retirent chez les habitants de la côte pour implorer leur secours. Mais loin d'être touchés de leur malheur, ces hommes barbares et inhumains les immolent à leur cupidité pour s'emparer de leurs tristes dépouilles.

Cependant le capitaine eut le bonheur d'être jeté sur une roche plate, d'une manière toute miraculeuse. Son premier devoir fut de rendre à

Dieu mille actions de grâce pour la faveur insigne qu'il en avait reçue en échappant à une mort certaine. Mais, ne découvrant personne aux environs qui pût le secourir, voyant la nuit s'approcher à grands pas et la marée qui ne devait pas tarder à monter, le triste aspect de sa position, l'horreur des flots en courroux, tout contribuait à l'attrister davantage. Dans ses noires réflexions, ses yeux se tournèrent sur son chien, l'unique et fidèle compagnon qui partageât son infortune. Il lui vient à l'idée de l'envoyer au rivage, espérant que sa présence pourra faire naître quelque soupçon sur le naufrage de son maître : heureuse et salutaire pensée que le ciel lui inspire ! Il se hâte de lui mettre une clef à la gueule, et le jette à l'eau. Le docile animal arrive bientôt sur la plage et appelle au secours de son maître par des hurlements redoublés. Ne voyant venir personne, il s'avance à la faveur de la lune, pénètre dans une épaisse forêt, et arrive enfin à une métairie. Là, il recommence ses cris, et continue d'aboyer jusqu'à ce qu'on ouvre. Le fermier, las d'entendre ces hurlements continuels, prend son fusil et se fait suivre de son valet. Il ouvre précipitamment la porte et s'apprête à tirer sur l'animal, bien persuadé que c'est un loup. Mais quel est son étonnement, lorsqu'il reconnaît que c'est un chien qui fixe sur lui des yeux attendrissants, et semble implorer sa pitié et son secours ! L'intérêt augmente avec la surprise, lorsque le fermier, apercevant la clef qu'il porte à sa gueule, pense qu'il est arrivé quelque accident à son maître. De son côté, le chien, par ses caresses et ses instances, le presse de le suivre. Le fermier et son valet le suivent effectivement, et arrivent avec lui jusqu'au rivage. Là le chien bondit de joie, redouble ses caresses et ne fait plus entendre que des cris d'espérance. Bientôt la brise porte vers eux le son d'une voix humaine. Dieu ! c'est celle du capitaine. Ils délibèrent de suite sur les moyens à prendre pour le sauver, car ils n'avaient pas de temps à perdre, la marée étant près de monter. Cependant le temps s'écoule et le danger augmente sans qu'ils aient pu trouver d'expédient. Sur ces entrefaites, le chien aperçoit une espèce de câble que les flots avaient jeté sur la rive. Il le saisit aussitôt, plonge dans la mer, revient au rivage, et semble leur faire entrevoir que c'est le seul moyen dont ils puissent se servir. Alors ils lui mettent l'extrémité de la corde à la gueule, et retiennent l'autre de leur côté. L'animal, sans qu'il soit besoin de l'y contraindre, se jette à l'eau de lui-même, redouble d'efforts et de courage, et, malgré la force du courant, arrive à son maître. Oubliant, pour la première fois, ses caresses accoutumées, il replonge à l'instant dans la plaine liquide comme pour donner à entendre qu'il est temps de fuir un trépas certain. Le capitaine prend la corde, se la passe autour du corps crie aux deux hommes de tirer de toutes leurs forces, se précipite dans la mer, et, après bien des peines et des tourments, il aborde avec son fidèle compagnon, tous deux exténués de fatigue.

Ce vieux soldat des mers tombe à genoux, les mains tendues vers le ciel, pour remercier Dieu d'une faveur aussi signalée; puis il se transporte à la maison du fermier, où les soins les plus assidus lui sont prodigués.

LE PORTEFEUILLE.

Une jeune femme, qui a le malheur d'avoir un mari aveuglément abandonné au jeu, a trouvé dans les habitudes du jour de l'an une manière ingénieuse et touchante de le ramener à la raison.

Ce jeune et brillant gentilhomme, un des plus assidus du cercle de sa ville, s'était fait mettre à sec à Bade, et il espérait se rattraper cet hiver à son club; mais il n'a pu trouver encore une carte favorable; si bien, ou, pour mieux dire, si mal qu'il est en pleine voie de se ruiner.

Profitant de l'approche du 1ᵉʳ janvier, la jeune femme commanda, chez un habile ouvrier, un portefeuille sur lequel elle fit enchâsser le portrait de ses deux enfants entouré d'une légende portant ces mots : « Souvenez-vous de nous. » Vendredi au soir, au moment où le joueur enfonçait convulsivement dans la poche de son gilet quelques billets de banque qui allaient encore sortir de la maison pour n'y plus rentrer, la jeune mère se leva, donna un baiser à ses deux enfants et leur dit en les poussant dans les bras de son mari : « Allons, chers petits, donnez les étrennes à votre père... Voyez donc, il n'a pas seulement un portefeuille pour serrer son argent. »

Les deux enfants tendirent alors au joueur le cadeau préparé par leur mère. Au premier coup d'œil qu'il jeta dessus, le jeune père de famille comprit la leçon. Il pressa sur son cœur ses deux enfants et la prévoyante mère qui leur rendait un père ; puis, saisissant le portefeuille, il le remplit de tout l'argent qui lui restait. « Je jure solennellement, s'écria-t-il alors, qu'à partir de ce jour il ne sortira plus rien de ce portefeuille que pour le bien de mes enfants et de ma maison. »

Il est probable qu'il tiendra parole, car il a envoyé sa démission de membre du cercle de ***.

III

AMOUR PATERNEL ET PIÉTÉ FILIALE.

UNE MÈRE.

La scène se passe à Porto-Rico, dans la plus orientale des grandes Antilles espagnoles. Il y avait là un mulâtre actif, honnête, intelligent, qui avait réussi par le commerce à se créer une position indépendante et aisée ; on l'appelait Septème. Porté par l'estime de ses concitoyens, il était à la veille d'être promu à des fonctions publiques, lorsqu'il se voit brusquement appelé chez le chef de l'*audiencia reale*, qui lui déclare avec chagrin qu'un certain Ramirez, planteur du sud de l'île, le réclame judiciairement comme son esclave.

Entre nous, ce planteur avait raison. Septème s'était échappé tout jeune de l'habitation, fuyant une correction brutale de l'*hombre mayor*, et recueilli dans le nord, il avait grandi, pris sa volée, s'était instruit et était devenu l'homme que vous savez.

En apprenant l'affreuse découverte de son ancien maître, qu'il croyait mort, le malheureux mulâtre s'écria : « Plutôt mille fois la mort que la perte de tout ce que j'ai conquis ! » mais la lutte devait être terrible...

Ramirez avait porté sa réclamation devant la *junta* suprême. C'est là qu'il fallait prouver l'erreur du planteur, ou retourner à l'habitation du Sud, et être jeté parmi les esclaves qui, à demi nus sous les ardeurs du soleil, travaillent le tabac, la canne et le maïs.

L'heure de l'audience arrive.

Toute la ville, toute l'île s'est passionnée pour cette brûlante affaire. Septème a pour lui les gens libres de toute couleur. Les blancs mêmes, émus de compassion pour un destin pareil, se séparent de l'homme de leur caste, l'implacable Ramirez. Une foule énorme envahit la salle de la *junta* et déborde à l'entour. Le mulâtre entre libre. Sortira-t-il esclave ?

Ramirez réclame son esclave, — Septème nie l'identité... il n'a jamais eu de maître. Il est entré dans la vie, libre comme l'air que son premier souffle aspirait ! On applaudit à son indignation, à son courage...

Alors Ramirez se lève et dit :

— Que la justice attende huit jours pour se prononcer... et je réponds d'apporter une preuve qui confondra l'imposteur qui me vole sa personne.

La remise est accordée, et chacun se retire ému des dangers courus par ce pauvre homme, si cruellement menacé dans la rude conquête qu'il a faite de lui-même d'un rang social, de la considération publique, et d'une petite fortune.

Les huit jours s'écoulent.

L'audience et la foule sont de nouveau rassemblées. Tout les cœurs sont pleins d'anxiété.

Le terrible planteur du sud est là.

— Voici mon témoin, s'écrie-t-il ; il dira si ce mulâtre n'est pas mon esclave.

Une porte s'ouvre ; on introduit le témoin de Ramirez : c'est une vieille négresse que l'âge et les souffrances ont courbée en deux. Elle s'avance péniblement, elle chancelle ; l'effroi semble paralyser les forces qu'elle a pu conserver.

— Ma mère ! s'écrie Septème.

— Le reconnais-tu ? dit le planteur à la pauvre vieille qui s'est efforcée de relever la tête, et qu'alors on a vue tressaillir sous son haillon.

— Parlez, parlez ! répètent les juges.

La foule est oppressée ; son silence est effrayant.

La vieille négresse regarde froidement le mulâtre, puis, se retournant froidement vers le capitaine général, elle dit :

— Oui, la vérité est que j'ai eu un fils ! oui, la

vérité est qu'il s'est enfui à l'âge de dix ans... mais c'est aussi la vérité qu'il est mort, qu'il s'est noyé à l'âge de vingt-cinq ans dans le gouffre de Saint-Juan... ce n'est donc pas ce mulâtre !

Un bruit énorme, strident, une respiration de mille poitrines oppressées qui se dilatent à l'unisson dans une atmosphère de joie, retentit après ces bienheureuses paroles. Septème, attendri, éperdu, s'oublie. Il s'élance vers la vieille négresse, la presse dans ses bras, la couvre de ses larmes.

— Vous voyez bien qu'il se trahit ! s'écrie Ramirez victorieux.

— Non, dit le président de l'*audiencia reale*, il remercie cette brave femme d'avoir osé résister aux ordres que vous lui avez sans doute donnés en l'amenant ici !... Retirez-vous, Septème, ajouta le magistrat en s'adressant impérieusement au mulâtre qui se perdait par ses caresses imprudentes, vous êtes libre.

Mais Septème était évanoui aux pieds de la négresse qui n'avait pas un instant bronché dans son apparente immobilité. Elle regardait ce fils adoré, comme Marie regarda Jésus descendre sanglant de la croix infâme. Toute son âme, lancée en saintes effluves par son regard, s'unissait à l'autre âme comme par une mystérieuse et divine électricité, et restait impénétrable aux regards de la foule. Pour le monde curieusement groupé là, son corps avait l'attitude d'une stupide indifférence. Le planteur furieux l'arracha du prétoire, tandis qu'on relevait et qu'on emportait Septème.

Ramirez emmena la vieille esclave dans l'habitation où elle végétait presque sans forme humaine. Un habitant de la ville courut après lui pour savoir le prix qu'il voulait de ce vieux corps inutile et coûteux.

« Vendez moi cette pauvre vieille, dit le créole.

— La vendre! s'écria le planteur, je ne la donnerais pas pour une cargaison entière de vaillants congos. »

Rentré chez lui, il fit mettre la négresse à la question de la corde et du bambou.

« Septème est-il ton fils ? dit le maître à sa victime.

— Non. »

On double l'étreinte.

« Est-ce ton fils?

— Non! toujours non! »

Et, au cinquième croc, la vieille négresse agonisait.

« Est-ce ton fils?

— Non! »

Ce dernier mot fut son dernier soupir.

On vante d'illustres trépas! En est-il qui égalent en héroïsme cette mort de la pauvre négresse!

Dès que le capitaine général connut l'odieuse conduite du planteur, il le fit arrêter.

Ramirez fut condamné à deux ans de prison. En ce moment il subit sa peine. Quant à Septème, il a réussi à se procurer le cadavre de sa sublime mère, et il lui a fait ériger un tombeau de marbre dans un bois de palmiers qui lui appartient. Le planteur, apprenant ce nouveau fait dans sa prison, s'est écrié, toujours furieux :

« Vous voyez bien, c'est encore un aveu ! »

Mais on ne l'écoute plus.

LA BOUCLE DE CHEVEUX.

Le soir de Noël, une famille d'anciens colons allemands, établie depuis deux générations dans les forêts de Pensylvanie, était réunie autour du foyer patriarcal et célébrait le réveillon traditionnel entre plusieurs pots de vin blanc qui rappelait le Rhin, et un saladier de choucroûte dominé par une cathédrale de saucisses et de saucissons fumés.

Un petit cadre en bois d'érable surmontait le manteau de la cheminée, entre une branche de buis et un fusil de chasse ; dans le cadre, une belle boucle de cheveux blonds se détachait sur un fond de soie bleue. C'était l'heure des souvenirs et des attendrissements. On chantait des noëls et on parlait de l'Enfant Jésus.

Les cheveux blonds étaient à propos. « Et moi aussi, dit le chef de la famille, j'ai été blond ; voyez cette boucle dorée ; elle a frisé sur cette tête chenue où ne poussent plus que quelques rares fils d'argent ; c'est une vieille histoire que mon père ne racontait jamais sans qu'une larme coulât sur sa joue. Écoutez-la, mes enfants, et puisse-t-elle vous attendrir encore quand je ne serai plus là pour chanter noël avec vous.

« J'étais un petit enfant de quatre ans, j'avais une longue chevelure blonde qui flottait toujours au vent, par la pluie ou le soleil. Un jour, mon père, qui m'emmenait souvent avec lui, alla dans la forêt pour abattre du bois. Il avait une grosse hache qui faisait à chaque coup voler des éclats énormes de tous côtés. Une branche tomba à mes pieds, un nid était dans la fourche ; je me baissai pour le ramasser, mon pied s'embarrassa et je tombai la tête sur le billot où mon père frappait pour émonder les bûches. A ce moment, la hache volait à tour de bras, il était trop tard pour l'arrêter ; je poussai un cri d'angoisse, mon père tomba roide.

« Nous revînmes bientôt, lui de sa frayeur, moi de ma chute. Il me saisit dans ses bras, me tâta des pieds à la tête, ne pouvant croire qu'il ne m'eût pas tué ; mais quand il me vit le sourire sur les lèvres et pas une goutte de sang sur le corps, il se jeta à genoux et fondit en larmes en remerciant Dieu. En se relevant et en reprenant sa hache, il trouva sur le billot une épaisse et longue boucle de cheveux blonds ; il la prit, la couvrit de baisers, et, courant comme un fou, me rapporta dans ses bras jusqu'à la cabane, où il me déposa sur les genoux de ma mère.

« Voilà l'histoire, mes enfants, et voici la boucle de cheveux. Mon père a voulu qu'elle restât toujours exposée au-dessus du foyer, pour que sa famille ne perdît jamais de vue la bonté spéciale de la Providence. »

LA TABATIÈRE D'OR.

Un colonel montrait à des officiers qui dînaient chez lui une tabatière d'or neuve et fort belle ; un instant après, il veut prendre une prise de tabac, mais il cherche vainement dans ses poches et s'écrie consterné : « Où est ma tabatière ? Voyez donc, messieurs, si quelqu'un ne l'aurait pas mise dans sa poche par mégarde. »

Tous se levèrent aussitôt et retournèrent leurs

poches sans que la tabatière parût. Seulement un enseigne resta assis et dit avec un visible embarras : « Je ne retourne pas mes poches ; que ma parole d'honneur que je n'ai pas la tabatière suffise. » Les officiers s'en allèrent en secouant la tête et le prirent pour le voleur.

Le lendemain matin, le colonel le fit appeler et lui dit : « La tabatière s'est retrouvée. Il s'était ouvert une couture à ma poche, et elle avait coulé dans le bas de mon pantalon. Maintenant dites-moi pourquoi n'avez pas voulu montrer vos poches, ce que tous les autres officiers ont fait. » L'enseigne lui dit : « A vous seul, colonel, je veux le faire connaître. Mes parents sont pauvres, je leur donne la moitié de ma solde, et je ne mange rien de chaud à midi. J'avais mon dîner prêt dans ma poche lorsque je fus invité par vous. Vous conviendrez que j'aurais eu certainement à rougir si, en retournant ma poche, j'en eusse tiré un morceau de pain noir et une andouille. »

Le colonel, touché, lui dit : « Vous êtes un bon fils. Afin que vous puissiez d'autant plus facilement secourir vos parents, vous mangerez à ma table. »

Le lendemain, il invita tous les officiers à un festin, publia l'innocence de l'enseigne, et, en signe de son attachement, il lui fit présent de la tabatière d'or.

LE PETIT MINEUR.

Dans le département des Côtes-du-Nord, à deux lieues environ du rivage de la mer qui borde la partie septentrionale de ce département, se trouvent des carrières d'ardoises et de granit exploitées par un grand nombre d'ouvriers. C'est là un rude et dangereux travail, bien que la plupart de ces carrières soient à ciel ouvert, celles de granit particulièrement. Le pic est souvent impuissant; l'acier le mieux trempé rebondit sur cette pierre inaltérable, et les plus puissants efforts de la main de l'homme laissent à peine des traces sur ce granit, à l'extraction duquel est attachée l'existence de ces courageux et infatigables ouvriers. Aussi est-ce là, à proprement parler, plutôt une guerre qu'une exploitation : dans ces carrières, comme sur le champ de bataille, comme devant une ville assiégée, c'est à la poudre à canon qu'on en appelle pour résoudre les grandes questions; c'est la sape à la main qu'on pénètre chez l'ennemi qu'une explosion terrible doit renverser.

Chaque jour, en effet, d'intrépides mineurs bravent mille dangers, creusent quelque tortueuse galerie sous ce roc antédiluvien; ils se glissent en rampant entre les blocs de granit qui semblent défier la puissance humaine ; puis, quand ils ont ainsi pénétré assez avant dans les entrailles du globe, ils pratiquent sous ces rocs entassés depuis le commencement du monde une espèce de chambre où, de main en main, arrivent les paquets de poudre, jusqu'à ce que cette excavation en soit remplie. Une mèche placée au centre de ce foyer de destruction aboutit dans l'étroite galerie qui y conduit, et, tout étant ainsi préparé, les ouvriers se retirent au loin ; un seul reste pour mettre le feu à la mèche, après quoi il s'empresse de rejoindre ses camarades. Les dangers que court ce dernier sont terribles : sa vie ne tient qu'à un fil : que la mèche soit trop active, qu'un courant d'air qu'on n'a pas deviné en accélère la combustion ; qu'il se soit fait dans la galerie un éboulement qui retarde de quelques secondes la retraite de l'intrépide mineur, l'explosion viendra le surprendre, et son corps mutilé sera lancé dans les airs en même temps que les blocs de pierres énormes au milieu desquels il se trouve engagé.

Il nous serait difficile de donner à nos lecteurs une juste idée de ces explosions, dont quelques-unes seraient capables de détruire une ville entière : lancés par une force volcanique, des bancs de granit d'une immense étendue et d'une hauteur considérable vont obscurcir la lumière du soleil, puis, retombant comme une pluie d'immenses aérolithes, ils broient, hachent, écrasent tout ce qui se trouve à la surface du sol. Parfois aussi les effets destructeurs de la mine s'étendent beaucoup plus loin qu'on ne l'avait prévu, ravagent les propriétés voisines, interceptent les communications en détruisant les chemins vicinaux, et frappent les ouvriers eux-mêmes, s'ils ne se sont pas tenus à une assez grande distance du foyer.

Après l'explosion, des blocs énormes gisent çà et là au fond de l'abîme, détachés les uns des autres, et leur extraction n'offre plus de difficulté.

Quels que soient les dangers de cette profession, elle fait pourtant vivre la population de plusieurs villages, dont les habitants n'ont pas d'autre industrie. Tel est le hameau de Billoville, situé à dix lieues de Saint-Brieuc : toute sa population sans exception vit de l'extraction de l'ardoise et du granit. Né dans ce hameau, Lucien Bichard, enfant de quatorze ans, avait vu successivement périr dans ces explosions terribles son père et son frère aîné, de sorte que sa mère infirme et deux sœurs en bas âge n'avaient plus d'autre ressource que le travail de ce courageux enfant. C'était peu de chose, mais Lucien était aussi ingénieux que brave ; il avait trouvé le moyen d'augmenter le produit de son travail en se chargeant des opérations les plus périlleuses : fort, agile et intrépide, c'était lui qui se chargeait de mettre le feu aux mines. L'extrême longueur des mèches compromettant souvent le succès de l'opération, il se glissait jusqu'à l'ouverture de la chambre elle-même, mettait le feu à une mèche très-courte, puis, rampant avec l'agilité d'un serpent, il sortait d'entre ces froides murailles de granit qui recélaient la foudre, et il rejoignait ses compagnons. Chaque expédition de ce genre lui valait une haute paye accordée par le propriétaire de la carrière, et que le brave Lucien apportait tout joyeux à sa mère.

« Mon pauvre enfant, disait chaque jour Marie Bichard en embrassant tendrement son fils : qu'avons-nous donc fait, moi et tes jeunes sœurs, pour que le ciel ne nous permette de vivre qu'à la condition de te voir ainsi chaque jour risquer ta vie ?...

— Soyez donc tranquille, mère, répondait Lucien en souriant ; ça me connaît maintenant ; en mettant le feu à la mèche, je fais le signe de la croix et je pense à vous ; vous voyez bien que le bon Dieu ne peut pas m'abandonner.

— Oh ! le brave garçon ! » disait la bonne mère.

Et justement fière d'un tel fils, elle s'évertuait à rendre douce la partie de sa vie que Lucien passait au logis ; mais l'ingénieuse économie de cette bonne mère, la misère qui pesait sur elle et ses enfants bien-aimés étaient comme une montagne de glace qu'elle ne soulevait que par la pensée.

Lucien souffrait donc, mais il n'en laissait rien paraître, et il n'en était pas moins ardent au travail. Un jour il fut question de faire sauter d'un seul coup tout un immense plateau de pierres granitiques superposées; trois semaines avaient été employées par les mineurs pour pénétrer ces larges bancs qui semblaient destinés à ne jamais apparaître à la lumière du soleil; plusieurs barils de poudre avaient été roulés dans les étroites galeries et déposés dans la chambre; la mèche était posée. Lucien se glisse en rampant entre les aspérités des pierres qui lui déchirent l'épiderme, il met le feu à cette mine dont l'explosion devait s'étendre au loin; puis il fuit et arrive près de ses compagnons qui, immobiles et muets, attendaient l'éruption du volcan. En ce moment, Lucien aperçoit au loin une voiture attelée de deux chevaux qui se dirigeait vers la carrière. Ses yeux de lynx ne sauraient le tromper : c'est la voiture du maître qui vient, avec sa femme et ses enfants, visiter les travaux. Cependant l'explosion tardait à se produire, et la voiture avançait toujours; elle arrivait à travers champs pour abréger la distance ; encore quelques minutes, et elle allait précisément se trouver au-dessus du terrible foyer de destruction préparé peu d'instants auparavant. Que faire? la voiture est encore trop éloignée pour que les signes que font les ouvriers puissent être compris par le cocher ; il n'y a plus, pour le propriétaire et sa famille, qu'un moyen de salut ; Lucien l'a compris. Sans demander conseil, sans hésiter un seul instant, le brave enfant s'élance vers la carrière ; il arrive à la galerie qui peut-être va lui servir de tombeau ; il s'y glisse avec plus d'ardeur encore que s'il s'agissait d'échapper au danger, pénètre jusqu'à l'entrée de la chambre et arrache la mèche, dont le feu touche presque aux poudres ; puis, alors que ses compagnons, immobiles d'effroi, épient le moment de l'affreuse castastrophe, le jeune mineur reparaît, tenant à la main la mèche qu'il vient d'arracher.

Cependant le cocher avait fini par comprendre les signes que lui faisaient les ouvriers ; la voiture venait de s'arrêter au moment où Lucien reparaissait.

« Brave enfant ! lui cria le maître en lui tendant les bras, à compter d'aujourd'hui, tu es de ma famille ! Tu ne nous quitteras plus, et j'aurai soin de ton avenir.

— Monsieur, dit timidement Lucien, conduisez-moi bien vite près de ma mère, je vous en prie ; tout à l'heure, je croyais ne la revoir jamais, et il faut que je l'embrasse pour me remettre un peu ! »

Grande fut la surprise de Marie Bichard, lorsqu'elle vit s'arrêter à la porte de sa chaumière un équipage d'où s'élancèrent presque en même temps son cher Lucien et le plus riche propriétaire de la contrée.

« Ma bonne dame Bichard, dit ce dernier en désignant Lucien, quand on a le bonheur de posséder un trésor comme celui-là, il faut le conserver précieusement ; afin donc qu'il ne vous quitte plus, je vais tout à l'heure vous assurer douze cents francs de rente perpétuelle. »

La bonne femme et son digne fils se jetèrent aux pieds de cet homme reconnaissant, qui s'empressa de les relever, et qui voulut sur-le-champ envoyer chercher le notaire.

« Monsieur, lui dit Lucien, lorsque tout fut terminé, c'est trop pour ce que j'ai fait; mais je tâcherai de me rendre tout à fait digne de vos bienfaits. »

Il a tenu parole. Aujourd'hui le petit mineur est devenu maire de sa commune ; il a marié ses sœurs, mais sa mère ne l'a pas quitté ; et maintenant les ouvriers de la contrée ne parlent de Lucien Bichard qu'en se découvrant respectueusement, rendant hommage ainsi à l'intelligence, au courage et à la piété filiale de leur ancien compagnon.

UN ANGE GARDIEN.

C'était en 1840. Plusieurs missionnaires fort célèbres prêchaient le carême dans la ville de... Un soir, tandis que la foule empressée et recueillie se rendait à la principale église, la jeune Mathilde, charmante enfant de dix ans, jouait sur le balcon de sa demeure. Mais bientôt elle abandonne sa poupée et tous ses joujoux pour se livrer à quelques instants de réflexion ; puis, prompte comme l'éclair, elle court vers son père qui lisait le journal. D'abord elle l'embrasse, le caresse, et M. de C... connut facilement dans les yeux de Mathilde qu'elle désirait obtenir une faveur.

« Que veux-tu, mon enfant ?

— Oh ! papa, que je serais heureuse !

— Qu'est-ce, ma petite ?

— Papa, je n'ose vous le dire.

— Que crains-tu ? je me suis fait la barbe aujourd'hui, je ne suis pas méchant. Que veux-tu donc ?

— Me l'accorderez-vous ?

— Certainement, ma fille, si je le puis.

— Ah ! bon, vous m'avez donné votre parole, et moi je sais que vous le pouvez. Eh bien ! papa, j'étais tout à l'heure sur le balcon, et j'ai vu beaucoup de messieurs se diriger vers l'église et aller au sermon ; il y en a même plusieurs qui y conduisaient leurs petites filles, et vous, papa, vous ne m'y emmenez jamais ! mais ce soir vous y viendrez avec Mathilde ! »

A cette naïve injonction, le père fut ému.

« Ma fille, dit-il, je ne puis te résister, va mettre ton chapeau et tes gants, et nous partons. »

Bientôt l'heureuse Mathilde entrait dans l'église avec son père. Il la plaça parmi les dames et lui dit qu'il convenait qu'il se plaçât dans le banc des messieurs. Le sermon commence, et Mathilde, après avoir regardé deux ou trois fois son père, se tint ensuite modeste et bien recueillie. M. de C... en profita pour aller au café ; il n'était venu dans le lieu saint que pour plaire à sa fille, et quand le sermon fut achevé, Mathilde fut bien désolée de ne pas voir tout de suite son père. Le lendemain, M. de C... fit la même chose. Enfin, le troisième jour, Mathilde prit une résolution : ce fut de rester avec son père parmi les messieurs, tout le temps du sermon. Mais voilà qu'un prêtre chargé de maintenir l'ordre parmi la foule dit à Mathilde :

« Mon enfant, ce n'est point là votre place. »

La petite répondit tout bas :

« Monsieur, c'est que je garde papa, permettez-moi d'y rester. »

M. l'abbé comprit de quoi il s'agissait. M de C...

avait promis à Mathilde de ne point aller au café ce soir-là ; il tint parole. Le sermon du missionnaire toucha son cœur ; à la fin, il se sentit tout changé, et, étant sorti de l'église, il embrassa sa fille en lui disant :

«Oui, ma chère Mathilde, je reviendrai demain, et, bien mieux encore je me confesserai. »

Il le fit, et le lendemain on voyait encore sa petite fille l'attendre près du confessionnal, afin qu'il ne lui prît pas envie de retourner au café.

Depuis cet heureux jour, M. de C... bénit Dieu de lui avoir fait recouvrer la paix du cœur ; il a continué à observer fidèlement ses devoirs de bon chrétien, et Mathilde est aujourd'hui le modèle des dames pieuses, comme elle fut autrefois le modèle des enfants.

LE PROCÈS GAGNÉ.

Dans un pensionnat de..., à Valence, vivait, entourée de joyeuses compagnes, une jeune fille bien sage et surtout très-pieuse. Ses maîtresses l'aimaient beaucoup, et elle était l'idole de ses parents.

Malheureusement, le père et l'oncle de la jeune fille ne remplissaient jamais leurs devoirs chrétiens, et la pauvre petite Marie, quoique jeune encore, en gémissait tout bas, demandant à Dieu, dans ses ferventes prières, l'accomplissement du vœu le plus cher à son cœur.

Cette âme si pure et si innocente ne devait pas tarder à être exaucée : Dieu, dont les desseins sont impénétrables, permit que M. D*** et l'oncle de Marie eussent l'un et l'autre un procès, duquel dépendît leur bonheur à venir, puisqu'ils le mettaient uniquement dans les faux biens de ce monde, qui cependant ne le donnent pas.

Ils arrivèrent un jour, de très-bonne heure, au couvent. Tous les deux avaient un air soucieux, et la petite fille étonnée voulut en savoir la raison.

« Ah ! mon enfant, lui dit le père, c'est aujourd'hui que notre procès va se terminer : si nous le gagnons, ce soir même nous sommes possesseurs de 300,000 fr., et si, au contraire, nous avons le malheur de le perdre, nous sommes plongés dans une affreuse misère.

— Allons, ma petite Marie, tiens, toi qui aimes bien le bon Dieu, va le prier un peu pour le succès de notre affaire... »

Ces messieurs sortent du parloir, et la petite fille, pleine de confiance en Dieu, obtient la permission de passer une demi-heure à la chapelle. Là, prosternée devant l'autel, elle demande à Dieu non-seulement le bonheur temporel de son père et de son oncle, mais surtout elle sollicite leur conversion ; et, s'adressant à Marie, cette tendre mère qu'on n'invoque jamais en vain, elle lui recommande aussi son vœu le plus cher.

Le soir arrive et la clochette du parloir s'agita de nouveau. C'étaient M. D*** et son frère qui demandaient encore Marie. Elle accourut très-émue, ne sachant pas l'issue de l'affaire en question. Mais en voyant la joie empreinte sur la figure de son père, elle s'écrie :

« Vous l'avez donc gagné ? Oh ! que le bon Dieu est bon ! aussi je l'ai bien prié. »

— Oui, mon enfant, nous l'avons gagné, et tu es un ange. »

Et on embrasse la petite fille, et on lui demande ce qu'elle désire qu'on lui achète pour payer sa bonne prière.

« Ah ! je voudrais bien quelque chose, mais vous ne me l'accorderiez pas !

— Parle, mon enfant, ne crains rien. »

— Allons, ma bonne petite nièce, que veux-tu donc ?

— Mais, mon oncle, mais papa ; mais c'est inutile de vous le demander.

— Parle donc ; nous tiendrons notre parole.

— Est-ce que vous me promettez de le faire ? »

— Oui ! — Oui !

— Eh bien, je vais vous le dire; mais vous ne le ferez pas.

— Si ; parle donc.

— Eh bien, ce que je désirais tant, c'est de vous voir vous approcher des sacrements l'un et l'autre. »

A ces mots, le père et l'oncle restent stupéfaits, sans prononcer une parole ; puis, reprenant courage :

« Eh bien, oui, ma fille; oui, cher petit ange, dès ce soir nous allons te satisfaire. »

Et tous les deux allèrent se jeter aux genoux d'un prêtre, et quelques jours après, la pieuse Marie vit son père et son oncle s'asseoir au banquet eucharistique, dans l'Église du monastère où elle était élevée.

IV

MISSIONS ET MISSIONNAIRES.

UN MISSIONNAIRE CHEZ LES SAUVAGES.

A peine arrivés au milieu des sauvages, les missionnaires entrent dans leurs cabanes, s'asseyent avec eux, caressent les petits enfants, malgré la répugnance que doit causer une malpropreté dont les Européens ne sauraient se faire idée. Ils tirent le calumet de leur poche et fument avec les barbares. Peu à peu l'Indien s'apprivoise, mais non sans de grands efforts.

Le R. P. Laverlochère arriva un jour au milieu de la tribu des Allibitis, épouvantée d'un crime dont le seul récit faisait frémir. Une malheureuse fille, jeune encore, avait dans la même nuit égorgé son père, sa mère, ses frères, ses sœurs, toute sa famille enfin, puis elle se préparait au plus effroyable des festins en faisant rôtir l'épaule de l'une de ses victimes, lorsque son oncle, homme féroce et l'effroi de la peuplade, entra tout à coup.

A la vue du carnage au milieu duquel sa nièce s'occupait tranquillement de son horrible repas, il saisit son fusil et fait feu sur elle. Celle-ci, blessée, s'enfuit en hurlant.

Elle alla se refugier dans une île voisine. L'oncle, qui craignait les gens de sa tribu autant qu'il en était craint, se retira dans une autre île. Le père Laverlochère, instruit par la rumeur publique de ce qui venait de se passer, s'écria aussitôt:

« Je vais les trouver, l'oncle d'abord.

— Oh! lui dit-on, n'y va pas, n'y va pas, robe noire. Il te tuerait, il en a tué et mangé tant d'autres!

— Laissez, mes enfants, laissez-moi voler au secours de ces infortunés. La plaie de leurs âmes est si profonde! Comment n'essayerais-je pas de la cicatriser par le repentir! »

Et se dégageant des entraves que lui oppose la tribu entière, il s'élance sur un canot d'écorce de l'épaisseur d'une pièce de deux sous: le saint homme, que le dévouement élève au-dessus de la crainte vulgaire de la mort, et de la mort la plus affreuse, s'aperçoit à peine du danger que présente le frêle esquif. Il franchit la distance et se présente devant l'anthropophage, sans autre arme que le bouclier de la foi. Celui-ci, menaçant d'abord, s'étonne cependant d'inspirer plus de compassion que de mépris. Lui, objet d'horreur pour tous, il écoute la voix qui le plaint ; son arme s'abaisse ; un sentiment inconnu s'éveille dans son cœur, et ses lèvres se collent avec transport sur les mains du religieux qu'il inonde longtemps de ses larmes.

Subjugué par la charité de l'apôtre, l'Indien confesse ses crimes, puis, humble et soumis, il le suit au milieu de la tribu, dont il pouvait cependant redouter la vengeance. Mais n'importe, il cède à l'attrait qu'exerce sur lui la vertu. La touchante bonté du père Laverlochère l'enchaîne à ses pas. Le sauvage reconnaissant accompagne le saint homme dans les courses les plus périlleuses de l'apostolat ; il fait à travers les neiges et les glaces des centaines de lieues pour entendre la robe noire ; il recueille avec avidité chaque parole qui tombe de sa bouche. L'ardente fixité de son regard révèle tour à tour la crainte, le regret déchirant, l'espérance et la joie, et surtout l'admiration, car, plus que tout autre enseignement, l'héroïsme du prêtre a d'un barbare fait un chrétien.

Après avoir converti l'oncle, le missionnaire s'était rendu auprès de la nièce. Il la trouva gisant sur le sol. Celle-ci, soulevant sa tête sombre et farouche, fixa sur lui un regard stupide. Mais plus elle considère l'apôtre, plus ses traits perdent de leur dureté. « Que me veux-tu ? » lui dit elle avec une sorte d'effroi. Et des larmes inondent son visage, en entendant le prêtre parler de miséricorde.

« Quoi, reprend-elle, ton Dieu pourrait me pardonner, et c'est lui qui t'inspire tant de commisération ! Oh ! apprends-moi à le connaître, car je veux l'aimer ! »

Telle fut son ardeur que peu de jours suffirent pour l'initier aux sublimes vérités du christianisme.

Cependant le père de la Propagation de la foi crut devoir ajourner pour elle la grâce du baptême. La persévérance de la néophyte devait témoigner de la sincérité de son repentir.

Le prêtre ne revint que l'année suivante, l'étendue de sa mission l'obligeant à de longues absences. Il eut la consolation d'apprendre que la jeune Indienne était devenue un modèle de douceur et de piété. Il l'admit cette fois au baptême et lui donna le nom de Marie. Quelque temps après il voulut la préparer à la première communion ; mais ce ne fut pas sans résistance de sa part.

« Moi, disait-elle, moi, chargée de tant de crimes, recevoir le fils du grand Esprit ! Non, non, j'en suis trop indigne ! »

Sa tante, qu'elle consulta dans ses angoisses, lui dit qu'il fallait obéir à la robe noire. Le jour fixé pour la sainte cérémonie, le père de la foi éleva dans la forêt un petit autel formé de branches entrelacées. Les néophytes vinrent s'agenouiller devant le tabernacle. Marie, non moins recueillie que ses compagnes, pleurait abondamment. Peu d'instants avant la communion, on la vit se lever soudain et disparaître.

Lorsque la messe fut terminée, le missionnaire envoya sur ses pas. Marie revint et s'excusa : au moment du sacrifice, la pensée de son indignité, le souvenir de ses crimes s'était ranimé si poignant, qu'elle s'était sentie comme entraînée malgré elle loin du saint lieu.

Maintenant Marie est une chrétienne ardente, chrétienne jusqu'à l'héroïsme du dévouement. Son oncle est mort, et depuis, seule, elle soigne et nourrit sa vieille tante infirme et deux jeunes cousines. Le P. Laverlochère l'entretenait un jour d'une communauté de femmes établie à Québec, où il lui promettait une pieuse retraite ; Marie le remercia avec effusion, mais elle refusa.

« Certes, lui dit-elle, je serais bien heureuse de vivre avec des robes noires femmes, mais il faut que je reste ici ; ma tante et ses deux enfants réclament mes soins. »

Nous savons ce qu'était Marie lors de l'arrivée du missionnaire dans la tribu des Allibitis ; en voyant ce qu'elle est aujourd'hui, nous devons reconnaître qu'une belle action en engendre d'autres, même dans les cœurs les plus barbares. Et c'est cette pensée sans doute qui grandit le héros chrétien au milieu des épreuves de l'apostolat.

LA BRETONNE MISSIONNAIRE.

Dans un des quartiers les plus misérables de Paris, rue Vadrenzen, près la barrière de Fontainebleau, une pauvre femme se mourait, il y a quelques semaines, des suites d'une jaunisse causée par le chagrin et la misère. La voyant une nuit prête à rendre le dernier soupir, son mari, espèce de machine dont le principal moteur est l'eau-de-vie, se décida à faire venir une voisine, locataire de la même maison. Celle-ci accourt, s'empresse de donner à la mourante tous les soins que réclamait son état. Mais, en sa qualité de Bretonne et de chrétienne, après ce premier devoir accompli, elle sent qu'elle en a un autre encore plus sacré à remplir. Elle savait que ses malheureux voisins avaient une fille dont la conduite les faisait rougir, et qu'ils avaient juré de ne plus revoir.

« Votre femme n'a plus que quelques heures à vivre, dit-elle résolûment au mari, qui depuis son arrivée était resté coi dans un coin de la chambre sans lui venir en aide. Il faut aller chercher votre fille afin qu'elle reçoive la bénédiction de sa mère, et qu'elle assiste à ses derniers moments. »

Le malheureux sembla à ces paroles se réveiller de sa léthargie : il signifia qu'il n'irait point chercher sa fille, que d'ailleurs sa femme ne lui pardonnerait pas, et que lui, son père, ne voulait plus l'envisager.

« Êtes-vous catholique? » demanda la compatissante voisine. Sur la réponse affirmative qui lui fut faite, elle démontra avec véhémence qu'il fallait que la malade reçût les sacrements et qu'elle ne le pouvait avant d'avoir pardonné à sa fille. Qu'il ignorait d'ailleurs si ce moment n'était pas choisi par la Providence pour le retour de la brebis égarée; elle ajouta qu'elle-même se retirerait s'il ne cédait à sa demande.

Ébranlé par cette menace plutôt que touché de la remontrance, le mari se décida à partir. Pendant ce temps un prêtre fut appelé et administra l'extrême-onction à la mourante, recommandant toutefois de l'envoyer chercher si elle reprenait connaissance.

En effet, vers huit heures du matin, elle retrouva ses sens. Sa fille arriva. L'entrevue fut douloureuse, mais le pardon imploré avec larmes fut accordé avec joie. L'émotion cependant avait augmenté le mal, la malade se sentait étouffer et avait demandé à être transportée dans la cour.

On se rendit à son désir. La malade fut étendue sur un lit d'une propreté et d'une blancheur parfaites. Près du lit fut dressé un petit autel orné de fleurs et de lumières, et le vicaire de la paroisse, mandé de nouveau, vint apporter à la mourante le souverain Consolateur. Toutes les fenêtres du voisinage s'étaient garnies de curieux qui regardaient — sans trop le comprendre, hélas ! — cet admirable et touchant spectacle.

Fortifiée par la céleste nourriture, la malade demanda à être transportée à l'hospice où elle ne tarda pas à être délivrée du fardeau de la vie.

Quant à notre zélée Bretonne, heureuse d'avoir gagné une âme à Dieu, elle retourna modestement à ses travaux journaliers, en attendant l'occasion d'accomplir une autre bonne œuvre.

—

Le R. P. de Montézon a publié, dans le courant de l'année 1858, un livre sur les travaux des missionnaires de la compagnie de Jésus, à Cayenne et dans la Guyane française. Ce bel ouvrage se termine par une série de lettres écrites de la Guyane, de 1852 à 1857. Nous voulons puiser dans ces lettres quelques faits que nos lecteurs accueilleront sans doute avec autant d'intérêt que d'édification.

Les faits suivants sont extraits d'une lettre écrite de Cayenne en 1854 par le P. Dabbadie :

« Pendant le mois de Marie, causant avec un transporté blanc, qui a laissé en France sa femme, ses enfants et d'assez grands biens, je l'engageai à mettre sa confiance en la sainte Vierge. « Mon père, me répliqua-t-il avec vivacité, si je ne l'avais pas fait, je me serais désespéré des milliers de fois, et il y aurait longtemps que je me serais ôté la vie. Mais dès que ces pensées noires me revenaient, surtout la nuit, je prenais aussitôt mon chapelet et je le récitais de tout mon cœur, et la sainte Vierge m'obtenait aussitôt la force et la consolation dont j'avais besoin. »

« Un jour que j'avais prêché sur le saint Scapulaire, un vieillard blanc, de soixante ans, vint me trouver pour le recevoir. « Mon père, me dit-il, la dévotion à la sainte Vierge me vient de ma pauvre mère. Un jour elle me dit dans mon enfance : « Mon fils, si jamais tu te trouves dans le malheur, surtout n'oublie pas la sainte Vierge ; souviens-toi de lui dire tous les jours trois *Pater*, trois *Ave*, avec un *Salve Regina*. » Depuis ce temps-là, mon père, je n'y ai jamais manqué, et elle m'a toujours protégé. Voilà pourquoi je voudrais bien recevoir le saint Scapulaire. »

« Un autre blanc, malade, après avoir fait une première communion sacrilége, s'était ensuite abandonné à toutes sortes de désordres, jusqu'à se faire enfin condamner au bagne. « Je ne puis pas me confesser, me disait-il, j'en ai trop fait ; il est impossible que Dieu me pardonne ; à l'exception de l'assassinat, j'ai fait tout ce qu'on peut faire. » Je l'encourageai de mon mieux et l'excitai à la confiance, puisqu'il avait quelques bons désirs. Il me promit de se confesser le lendemain. Il tint parole et se confessa, mais avec les sentiments de la contrition la plus vive et de la sincérité la plus entière, en versant beaucoup de larmes.

« Après sa confession, je le félicitai de son courage, et l'engageai à remercier Dieu d'une si grande grâce. « Mon père, me dit-il, je n'ai jamais fait que du mal, comme vous le savez. Il n'y a qu'une chose à laquelle je n'ai jamais manqué et que je tenais de ma mère : c'est un *Salve Regina*, tous les jours, en l'honneur de la sainte Vierge. Souvent, au milieu de mes crimes, je ne le disais que par routine et sans trop savoir pourquoi, mais pourtant je n'y manquais pas.

« — Oh ! mon pauvre ami, lui dis-je, il est évident que c'est à cela que vous devez votre retour. » Cet homme, converti par la sainte Vierge, ressentit, après sa conversion et sa première communion qui la suivit, une joie telle qu'il n'en avait jamais éprouvé de semblable.

« Pour ce qui regarde les sauvages, j'ai déjà eu

deux fois occasion d'en instruire et d'en baptiser quelques-uns. Les premiers étaient cinq Indiens Oyacopi, le père, la mère, et les trois enfants. Ces sauvages habitent les bords de l'Yaroupi, rivière qui se jette dans Oyapock. Ils n'avaient aucune idée bien distincte de Jésus-Christ ni de sa religion; seulement ils reconnaissaient un seul Dieu, le ciel et l'enfer. Ils admettaient aussi la nécessité du baptême, pour lequel ils avaient déjà fait un voyage sans pouvoir rencontrer de prêtre qui les instruisît et les baptisât. Du reste, par des questions adressées à l'Indien sur sa vie passée, je compris qu'il avait mené une vie fort innocente. Il n'avait qu'un enfant à lui : les deux garçons de seize à dix-huit ans qu'il traitait comme ses enfants, étaient deux orphelins d'une famille voisine, qu'il avait charitablement adoptés.

« Ces Indiens avaient fait la plus grande partie du chemin ; mais il nous fallut aller les trouver dans la case d'un naturel du pays, où ils nous attendaient. Ce ne fut qu'au bout de quatre heures de canotage que nous parvînmes au premier saut de l'Oyapock, près de la tour bâtie par les Français pour défendre un poste établi en cet endroit contre les invasions des sauvages.

« Nous descendîmes chez le capitaine indien Gnongnon, qui est chargé de garder cette tour. Je commençai par faire une instruction aux habitants du voisinage ; je leur parlai surtout de trois points : de la confession, de la communion et du mariage. Ensuite je me mis à instruire les cinq Indiens au moyen d'un interprète, et ce fut le capitaine lui-même qui voulut m'en servir. Ils écoutaient mes catéchismes avec beaucoup d'attention et de docilité.

« Quand je les crus suffisamment instruits, je les baptisai et je donnai la bénédiction nuptiale aux deux époux, parce qu'ils devaient partir dès le lendemain pour leur pays. Ce qui leur fit le plus d'impression, ce furent de grandes images de Limbourg coloriées, qui représentaient la mort du juste et du pécheur, le jugement et l'enfer. En voyant ces peintures des plus terribles vérités, un mulâtre fort instruit et qui vit avec une négresse sans être marié, s'écria : « Mais si on pensait toujours à cela, on ne pourrait plus vivre. — C'est vrai, lui répondis-je, on ne pourrait plus vivre mal et dans le péché; mais on vivrait saintement, en paix et sans aucune crainte de l'enfer qui ne serait plus pour nous. »

« Je ne puis finir cette lettre sans parler d'une vieille mulâtresse, âgée de cent sept ans, qui est actuellement, dans toute la Guyane française, l'unique personne qui ait connu nos anciens pères et qui ait pu recevoir leurs enseignements. Madame Placide, c'est le nom de cette vénérable chrétienne, demeure à une lieue de Saint-Georges et semble avoir été conservée dans cette contrée, si dépourvue de secours religieux, pour empêcher que la foi ne s'y perdît totalement. Née en 1746 et baptisée à l'âge de quatorze ans (1760) par un missionnaire jésuite, la bonne mulâtresse avait continué pendant cinq ans à recevoir les instructions des missionnaires de la compagnie de Jésus ; car, deux ans après la suppression, la colonie de Cayenne se vit obligée, à défaut d'autres prêtres, de rétablir dans leurs fonctions les membres de l'ordre supprimé dans la mère patrie. Madame Placide se rappelle avoir vu le père Elzéar Fauque, curé de Notre-Dame de Sainte-Foi de Camopi ; le père Caranoxe, de Saint-Paul de l'Oyapock et le père le Juste de Saint-Pierre de la Pointe.

« Cette excellente chrétienne avait si bien profité des leçons des missionnaires, qu'elle continua pour ainsi dire leur œuvre, après que la mort ou l'exil les eut arrachés à ce sol qu'ils avaient fécondé par leurs travaux. Sa maison devint le rendez-vous où se réunissaient toutes les négresses des environs pour prier en commun, chanter des cantiques, apprendre la doctrine chrétienne.

« Madame Placide était l'âme et la promotrice de de tout le bien qui se faisait ; elle instruisait les ignorants, encourageait et confirmait dans la foi et dans la pratique des vertus chrétiennes toutes ces pauvres négresses délaissées.

« Dans les temps qui suivirent, toutes les fois que quelque prêtre ou missionnaire arrivait dans ces parages, la fervente chrétienne allait le trouver avec celles de ses filles spirituelles qu'elle pouvait rassembler ; et toutes, elles profitaient de la présence du ministre de Jésus-Christ pour approcher des sacrements de pénitence et de l'Eucharistie. Cela n'arrivait que bien rarement, et pourtant cette femme admirable ne se relâcha jamais. Elle a conservé pour les pères une reconnaissance et une affection qui ont entretenu parmi ces pauvres gens une haute et sainte idée de la compagnie.

« Ayant appris du commandant de Saint-Georges qu'un aumônier était attaché à l'établissement, elle n'eut rien de plus pressé que de s'informer si c'était un jésuite, et sur la réponse affirmative qu'on lui fit, elle envoya demander au père s'il voudrait bien lui faire faire ses pâques. En effet, le dimanche des Rameaux on vit arriver à Saint-Georges cette vénérable femme de cent sept ans qui paraissait recouvrer les forces de sa jeunesse à la pensée qu'elle revoyait un père de la compagnie de Jésus. Elle ne put ce jour-là que s'approcher du tribunal de la pénitence, parce que son grand âge ne lui avait pas permis de venir à jeun ; mais le mardi de Pâques le missionnaire, qui était le père Bigot, lui porta la sainte communion. Toutes les négresses de la contrée, qu'elle réunit deux fois par semaine pour prier avec elle, avaient été convoquées. Rien de plus touchant que l'expression de foi avec laquelle elle reçut la sainte Eucharistie. Daigne la divine Providence la conserver encore quelques années pour le salut des pauvres âmes qu'elle soutient, et qui après elle seront bien abandonnées ! »

MARTYRE DE MONSEIGNEUR DIAZ.

Monseigneur Diaz, évêque de Platea, diocèse situé dans le Tonkin central fut arrêté au mois de juillet 1857. Il reçut la couronne du martyre le 20 du même mois, entre onze heures et midi. Un officier chrétien, qui l'a accompagné jusqu'au moment suprême, en a conservé quelques détails qu'on lira dans les *Annales* et qui ont été complétés par une lettre plus récente de Mgr. Retord, vicaire apostolique du Tonkin occidental. Nous les abrégeons à regret.

Arrivé sur le lieu du supplice, on étendit quelques nattes de jonc, le tapis rouge de l'évêque, les trois vêtements qu'il portait dans la prison et un coussin sur lequel on le fit asseoir au milieu de l'enceinte, pour lui attacher les mains derrière le dos. L'exécuteur voulait le dépouiller de ses habits ; mais il s'y refusa, en disant qu'il suffisait de lui mettre le cou à nu, ce que l'on fit; après quoi le forgeron brisa d'un coup de marteau la chaîne du cou et des deux pieds, et on enleva la cangue. Au moment de rompre ses fers l'officier recommanda au forgeron d'aller avec précaution, de manière à ne pas faire mal au patient, et le bon évêque dit alors qu'il n'éprouvait aucune douleur. En découvrant le cou, le bourreau prit le rosaire qui y pendait; je priai l'officier de le garder, et le bourreau le lui remit. Pendant ce temps, le vénérable prélat priait toujours.

On plaça un piquet contre le dos du martyre, et on l'y attacha avec des cordes passées sur la poitrine et sur le ventre, et, ainsi lié, à genoux, il ne cessait de prier. Le colonel demanda si tout était prêt; sur la réponse affirmative, le grand mandarin commanda avec son porte-voix qu'au troisième coup de tamtam le bourreau remplît son office; mais, au second, celui-ci déchargea un premier coup de sabre et trancha le cou presque entièrement; puis, achevant son œuvre, il détacha la tête qui roula sur le coussin. Le commandant, toujours monté sur son éléphant, ordonna de jeter la tête en l'air, et le bourreau, la saisissant par la barbe, exécuta cet ordre, puis il la mit dans un panier, coupa les cordes et le cadavre s'affaissa. Le corps ayant été ensuite roulé dans les nattes et le tout bien attaché, on alla le jeter à la rivière, avec la terre qui était teinte du sang du martyr : personne ne put recueillir la moindre relique. Deux soldats païens, qui avaient trempé des linges dans le sang du vénérable prélat, furent envoyés en prison sur l'ordre du commandant.

Ne dirait-on pas une page détachée des Actes des apôtres ?

JOURNAL D'UN MISSIONNAIRE.

Sous ce titre un prêtre du diocèse de Lyon, M. l'abbé Domenech, a publié dans le courant de l'année 1857 l'édifiant et curieux récit des travaux apostoliques qui ont été accomplis au Texas et au Mexique, de 1846 à 1852.

« Thibaudeauville est moins une ville qu'un jardin, tant les catalpas, les magnolias, les platanes, les pins couvrent et cachent les maisons. Le curé, jeune Français, construisait une belle et vaste église, et, plus heureux que nous, qui ne savions pas encore si nous pourrions commencer la nôtre, il avait presque achevé la sienne. Quoique tout son argent fût absorbé par cette grande entreprise, il me fit quelques cadeaux précieux. Une dame juive, qui venait d'acheter une robe de soie pour le bal, ayant entendu parler de notre pauvre mission, m'apporta cette robe pour que j'en fisse des ornements d'église; j'en tirai deux belles chasubles blanches. Décidément les juifs sont moins juifs qu'on ne croit. Bel exemple pour les catholiques de voir une dame juive se priver d'un amusement, afin d'aider un prêtre catholique dans son œuvre de charité !

« Nous cheminions dans la plaine de Lavaca, sous une température insupportable (c'était au commencement d'août), nous vîmes venir au-devant de nous un petit tilbury, conduit par un nègre et mené à grande vitesse par un cheval lancé au galop. Le tilbury s'arrêta près de notre charrette, et le nègre me demanda : « Êtes-vous le père Domenech?

« — Oui.

« — Alors venez vite ! le père Fitz-Gérald se meurt à Victoria.

« — Comment ! qu'a-t-il donc? m'écriai-je, accablé par une si douloureuse nouvelle.

« — Il a été en mission à Corpus-Christi, sur le golfe du Mexique; les pluies l'ont mouillé, il est revenu malade, et, ce matin, il m'a envoyé vous chercher pour recevoir de vous les derniers sacrements. »

« Je m'élançai dans le tilbury, qui repartit à fond de train. Je vis une panthère énorme sur le bord du chemin; elle avait bien cinq pieds de la tête à la queue, mais notre cheval était si animé qu'il souffla seulement deux ou trois fois un peu fort, et passa sans faire d'arrêt ni d'écart. Arrivé à la maison qu'habitait le père Fitz-Gérald, et qui appartenait à un de ses compatriotes irlandais, nous trouvâmes sur le seuil le propriétaire, qui me dit : *il est moru!* Sans chercher à comprendre, j'entrai dans la chambre, j'appelai le malade : il ne répondit pas; son regard était fixe : je voulus l'embrasser : ses lèvres se glaçaient. Il venait de mourir. Il avait cessé de vivre, à vingt-six ans, loin de sa patrie, de sa famille, de ses amis, sans même avoir été accompagné au départ par les secours de la religion ! En voyant cette jeune victime de la charité chrétienne, mon cœur se serra : je tombai sur mes genoux, et, ne pouvant prier, je pleurai. Je pensais que pas une parole amie n'était venue adoucir les souffrances de ses derniers moments, et lui parler du ciel qu'il avait bien mérité ! Cet abandon, cette solitude amère où s'endormit le missionnaire, enveloppa mon âme d'une morne tristesse. Pauvre abbé ! Sa tombe, perdue sur une terre étrangère, ne sera jamais saluée par une visite, bénie par une prière, arrosée par une larme ! Du moins sa vie avait servi à la gloire de Dieu et au bonheur éternel de ses semblables ; la mort seule avait arrêté ses pieux travaux.

« Oh ! qui dira tout ce qui se passe dans le cœur d'un jeune missionnaire, depuis le dernier baiser de sa mère jusqu'à son dernir soupir dans les solitudes lointaines ! A genoux au pied de cette couche funèbre, je voyais se dérouler devant moi, comme un vaste et lugubre panorama, cette vie de dévouement, de travail, de fatigues et d'épreuves, qui venait aboutir à une mort prompte, inattendue, isolée. Malgré la triste fin de mon pauvre ami, j'enviais son sort, car pour lui les incertitudes de l'avenir n'existaient plus, et il était mort en travaillant. Faisant un retour sur moi-même, je songeai à ma santé si profondément altérée, à mes forces détruites ; je n'avais pas l'âge du père Fitz-Gérald, et déjà j'étais usé; comme l'abbé Chanrion, je me sentais déjà un être presque inutile, et qui serait bientôt à charge aux autres et plus encore à lui-même.

« L'existence d'un missionnaire infirme ou épuisé par les fatigues de son ministère est fort triste, humainement parlant. Il est pénible et difficile pour lui de traîner, sur le théâtre de ses premiers travaux, près de ses confrères pauvres et occupés, son embarrassante oisiveté. Dans son pays, l'hospice et la misère l'attendent indubitablement. Pendant qu'il prêchait le christianisme et la civilisation aux peuples d'outre-mer, ses amis sont morts ou dispersés ; les amitiés se sont éteintes ou affaiblies ; il est devenu à son tour étranger dans son propre pays ; heureux encore si la charité publique ou privée le place dans une sinécure, où, à l'abri des nécessités de la vie, il attend près de son berceau que la tombe vienne clore une carrière abreuvée de fiel et de souffrances cachées ! Le prêtre, qui se dévoue aux missions étrangères, peut bien dire, comme son divin Maître : *Mon royaume n'est pas de ce monde.* Il sait que pour lui toutes les épines ne sont pas dans les forêts sauvages, et toutes les douleurs sur les plages désertes ; mais Dieu, qui a soin du passereau solitaire et du lis des champs, donne à l'homme qui a confiance en lui quelque chose de plus précieux que le pain gagné à la sueur de son front ; c'est la foi, la charité, l'espérance : avec cela, on n'est jamais pauvre, jamais soucieux du lendemain, et l'on brave toutes les tempêtes qui soufflent sur nos têtes.

« Au pied du cadavre de mon malheureux confrère, je voyais cet avenir devenir le mien, je ne me sentais pas digne de mourir pour la noble cause que j'avais embrassée, je pleurais toujours. Mais un rayon du ciel vint me rappeler les douleurs du Fils de Dieu dans le jardin de Gethsémani, et, comme tous les rayons du ciel, il porta dans mon âme le calme et la résignation. La crainte s'était éloignée : j'étais prêt à tous les sacrifices. Je priai pour mon pauvre ami avec ferveur. Je passai la nuit seul, près de son corps. Le lendemain, aidé d'un autre prêtre français qui vint à Victoria, nous enterrâmes dans la petite église notre jeune confrère. La cérémonie fut simple et touchante ; protestants et catholiques versaient des larmes, tribut de l'estime que s'était attirée le défunt par ses vertus.

« Je quittai Victoria fort triste. »

—

« La presque totalité de mes nouveaux paroissiens n'avait aucune idée du dévouement des missionnaires et ne pouvait comprendre l'unique mobile qui nous fait agir. Il est vrai que chez des hommes qui n'estiment et ne recherchent ici-bas que l'argent, comme moyen de se procurer les jouissances matérielles de la vie, leur cœur et leur âme sont fermés aux sentiments intellectuels si pleins de joies secrètes, la vie apostolique, avec ses sacrifices, ses souffrances, ses dévouements, est un livre fermé pour eux ; aussi ne pouvaient-ils croire que je venais de faire pour la seconde fois plus de trois mille lieues, en m'exposant à toutes sortes de dangers et de fatigues, uniquement pour améliorer leurs mœurs et les instruire de leurs devoirs religieux : ils trouvaient que pour tant de peines c'était une chétive compensation. Plusieurs d'entre eux, qui, je ne sais pourquoi, me montrèrent immédiatement de la sympathie et un intérêt réel, me dirent :

« — Mais qu'avez-vous fait pour être envoyé ici?

« — Personne ne m'a envoyé, je suis venu de mon plein gré.

« — Comment, vous n'avez pas été obligé de quitter la France pour quelque raison grave ?

« — Pas le moins du monde ; je suis venu pour vous instruire. Si un prêtre se conduit mal, l'Église l'interdit, c'est-à-dire qu'elle lui retire la faculté d'exercer ses pouvoirs ecclésiastiques, mais elle ne l'envoie nulle part.

« — Alors vous venez ici, comme les soldats vont à la guerre, afin d'avoir de l'avancement et de devenir évêque?

« — Encore moins, l'épiscopat est un fardeau trop lourd et une charge trop dangereuse pour l'ambitionner; les bons prêtres ne le désirent jamais. »

« Alors, comme les disciples de Jésus-Christ, ils branlaient la tête en signe d'incrédulité, et pensaient : *Ce discours est difficile à comprendre.* »

—

« Après un séjour de trois semaines à Lyon, je me mis en route pour aller voir le saint-père à Rome, afin de lui parler de ma mission, et de lui offrir une paire de mocassins magnifiques brodés par nos Indiens. Pour toute fortune, j'avais cinq francs dans ma bourse, et la permission du ministre de la marine pour voyager gratis sur les navires de l'État. J'arrivai à Toulon, le 14 octobre, après avoir parcouru une partie du midi de la France, tantôt à pied, tantôt en diligence, selon mes ressources et la nécessité. Je m'embarquai, le 15, sur le *Véloce*, avec plusieurs officiers d'infanterie qui accompagnaient un détachement de soldats à Rome. Le temps était beau, la mer calme : le voyage fut charmant.

« Le soir, au clair de lune, je me mêlais aux soldats, avec lesquels j'avais de longues causeries pleines d'entrain et de cordialité. Arrivé à Civita-Vecchia, j'avais encore cinq francs en poche, mais ce n'était pas assez pour aller à Rome, et je savais déjà par expérience, qu'il est beaucoup plus difficile de voyager sans argent dans un pays civilisé, que dans un pays sauvage ; néanmoins, je ne me laissai pas décourager pour si peu et je résolus d'aller à Rome, à pied et par étapes, comme font les militaires. Dans la ville éternelle, je cherchai en vain une hospitalité gratuite. Je me mis entièrement entre les mains de la Providence, pour payer mes dépenses, et je demandai une audience du saint-père, ce qui me fut immédiatement accordé.

« J'étais fort mal vêtu, mais, au Vatican, on ne

juge pas l'homme par l'habit. Sa Sainteté m'accueillit avec sa bienveillance accoutumée : elle m'empêcha de lui baiser sa mule et me donna sa main. De ma vie, je n'avais vu une figure aussi sympathique, aussi bonne, aussi vénérable. Notre conversation fut longue et roula naturellement sur les missions, sur les Indiens en général, et sur mes affaires en particulier. Je fis un court récit de mes aventures. Le saint-père me répondit :

« — Je vois, cher enfant, que vous êtes bien accoutumé à la misère.

« — Je le suis tellement, répliquai-je, qu'elle ne me quitte pas même à Rome.

« — Comment cela ? »

« Alors j'avouai franchement mon embarras pécuniaire, car mes cinq francs avaient absolument disparu. Sa Sainteté sourit, en voyant ma confiance en Dieu, et me dit :

« — Puisque vous voyagez pour le compte de la Providence, son vicaire fera les frais du voyage. »

« Et joignant l'action aux paroles, Sa Sainteté me donna une poignée d'or. De mon côté, je tirai de ma poche les mocassins qui étaient enveloppés d'un morceau de papier déchiré, et je les présentai au saint-père, qui examina les broderies et loua le talent des Indiens. La noble simplicité et la touchante bienveillance du pape Pie IX sont trop connues, pour que je m'arrête sur la profonde impression que me fit éprouver ce tête-à-tête, dont le souvenir est encore une douce consolation pour moi. »

—

« Dans les forêts de l'ouest des États-Unis, on trouve quantité de familles méthodistes et presbytériennes qui croient réellement que le prêtre catholique est un être infernal et qu'il porte de vraies cornes sur la tête. Un jour, l'évêque de Buffalo fut obligé de se découvrir, à la table, sur un bateau à vapeur, pour prouver qu'il n'en avait pas.

« Une fois, une dame presbytérienne, sur un bateau qui remontait le Mississipi, déclamait avec véhémence contre le catholicisme, calomniait ses ministres, et cela tout haut, de manière à être entendu d'un missionnaire nouvellement débarqué qui était assis à table, à côté d'elle. Celui-ci, connaissant à peine l'anglais et ne pouvant suivre une discussion compliquée, adressa à cette presbytérienne un argument *ad hominem* :

« — Madame, lui dit-il, connaissez-vous le catholicisme et les prêtres pour les outrager ainsi ?

« — Certainement non, monsieur, et Dieu me préserve de jamais rien connaître de cette infâme religion de papistes.

« — Eh bien ! permettez-moi de vous dire que vous êtes une femme d'un mauvais caractère. »

« A ces mots, la vieille dame se leva rouge de honte et de colère et dit à son interlocuteur :

« — Monsieur, vous êtes impudemment insolent d'insulter ainsi une femme que vous ne connaissez pas !

« — Madame, je n'ai pas le moins du monde l'intention de vous insulter ; je n'ai fait que vous appliquer l'argument que vous venez de lancer contre le catholicisme et ses ministres. Si je vous connaissais, je n'aurais probablement pas dit du mal de vous, car vous pouvez être la meilleure personne du monde : de même, vous avez tort de dire du mal d'une religion que vous ne connaissez pas du tout et qui pourrait bien être la meilleure. »

—

Dans un autre endroit, M. l'abbé Domenech décrit quelques-unes des excentricités méthodistes dont il a été témoin. La plus bizarre est sans doute ce qu'on nomme un *Camp-meeting* (réunion en plein champ). Les sectaires s'assemblent pendant trois jours dans une plaine ou dans un bois. Là ils s'attendrissent, pleurent et poussent des cris d'angoisse et de repentance au souvenir de leurs péchés.

« Parfois, dit le narrateur, des scènes comiques modifient un peu la gravité de ces réunions.

Un jour, un prédicateur en jupons, d'une figure fort intéressante, attira l'attention d'un Irlandais qui avait été amené là par la curiosité. Celui-ci interrompit la jolie *précheuse* en lui demandant si elle était mariée. Une rougeur subite colora ses joues, mais elle ne répondit pas. La question ayant été réitérée, elle répliqua d'un air colère et inspiré :

« — Oui, je suis mariée à Notre-Seigneur Jésus-Christ. »

« L'Irlandais, fâché, s'en alla en disant :

« — J'ai bien peur, madame, que vous n'alliez pas dans la maison de votre beau-père, car vous êtes mariée sans son consentement. »

« Toute l'assemblée fut prise d'un éclat de rire. »

V

PUISSANCE DE LA PRIÈRE.

UN HOMME QUI NE PRIE PAS.

C'était pendant le carême de l'année 1856..., la cloche du soir venait d'appeler les villageois à la modeste église du petit hameau de Saint-B... (département de l'Aude). M. C..., digne curé du lieu, fit à ses enfants assemblés une courte exhortation. Le sujet qu'il choisit fut la prière, sujet touchant et sublime, souvent traité, et toujours inépuisable!

Prions, mes enfants, répétait le bon prêtre, prions souvent, surtout en ce temps de miséricorde. Dieu lui-même, avant de consommer son œuvre de rédemption, sentit le besoin de la prière, et se retira dans le désert. Répétons avec le Psalmiste : « Et à qui irions-nous, Seigneur, sinon à « vous? Car vous avez les paroles de la vie éter- « nelle ! » Oh ! qu'il serait à plaindre celui qui ne prierait pas ! Dites-moi, mes enfants, en est-il parmi vous qui ne sentent pas le besoin et le charme de la prière ?

— Moi tout le premier, monsieur le curé, je ne prie jamais ! s'écrie tout à coup un homme se dressant de toute sa hauteur au-dessus de l'assemblée recueillie, et promenant autour de lui un air de défi et d'audace. »

La foule, par un mouvement spontané, se rapproche de la chaire ; une femme pâle et amaigrie serre entre ses bras deux enfants tremblants.

« Moi ! moi ! répète l'homme, je ne prie jamais !

— O mon Dieu ! fit le digne pasteur en élevant les mains au ciel, pardonnez-lui, et nous mes frères, mes enfants, puisque le malheureux ne prie pas, prions pour lui ! »

A cette voix, la foule s'agenouille, et, s'unissant de cœur au digne prêtre, récite lentement avec lui le *Miserere*. Toutes les poitrines inclinées se frappent à la fois, comme si toutes étaient responsables de l'impiété commise. L'expiation enfin est si unanime, que lorsque le bon curé se retourne pour donner sa bénédiction, toutes les têtes étaient courbées, toutes... et lorsqu'elles se relevèrent, un homme encore était à genoux... qui priait.

Deux mois après, M. C..., parcourant un soir le village, s'arrête devant une cabane de chétive apparence, mais propre et bien rangé ; une femme faible, mais au visage heureux, filait devant la porte, deux enfants gais et joyeux étaient auprès d'elle.

« Eh bien ! ma pauvre Catherine, comment va la santé ?

— Oh ! merci, monsieur le curé, je suis mieux maintenant, Jacques se conduit si bien...

— C'est que Jacques sait prier à présent, dit un homme en sortant de la cabane. Puis, saisissant la main de M. C...

— Oh ! monsieur le curé, quelle obligation je vous ai, je ne l'oublierai jamais ! Que Dieu vous bénisse comme vous le méritez pour le bien que vous m'avez fait ! Catherine, ma pauvre Catherine, ajouta-t-il, en attirant ses enfants dans ses bras, je veux que mes fils apprennent leurs prières, je veux qu'ils ne les oublient jamais. »

L'HOSTIE.

Sous le titre de *Souvenirs*, M. le vicomte Walsh a publié un récit qui se rattache à la captivité du duc de Rivière au fort de Joux. Nous y trouvons le trait suivant qui nous semble renfermer autant d'intérêt que d'édification :

« Partout où il y a du malheur, partout où se trouve de la souffrance, il y a des âmes charitables qui rôdent autour du lieu de douleur pour y faire parvenir des consolations. Or, près du fort de Joux, vivait une bonne dame qui épiait toujours ceux qui étaient amenés à cette prison d'État. C'était, comme vous le pensez bien, mieux que de la curiosité qui la faisait regarder par-dessus les murailles et à travers les barreaux des lucarnes élevées.

« Souvent, dans des temps plus difficiles, elle avait été assez heureuse pour faire arriver des secours religieux aux prisonniers qui ne sortaient de leurs geôles que pour monter sur l'échafaud... Maintenant elle était parvenue à savoir ce qui manquait le plus au duc de Rivière : c'étaient des livres, pour employer les lentes heures de sa captivité. Elle lui en envoya plusieurs : histoires, romans et ouvrages de piété. Elle avait choisi des livres d'histoires où l'on parlait de dévouement et de fidélité à ses princes ; les romans les plus purs et les plus chevaleresques ; et à tout cela elle avait joint un petit volume relié en noir avec des tranches rouges et des fermoirs de cuivre : c'était l'Imitation...

« Le guichetier jeta tout cet envoi sur la table de bois de chêne, en disant avec sa voix brusque et rauque : « Voici de quoi vous amuser... »

« Effectivement ce fut une grande joie pour le prisonnier. Il alla des livres d'histoire aux romans, et des romans à l'histoire. Ce ne fut que vers le soir qu'il ouvrit le petit volume. Il l'ouvrit au hasard, et voici la phrase qu'il y lut :

« *Mon fils, il y a quelque chose de mieux à envier*
« *dans ce monde que le bonheur du monde, c'est de*
« *la force pour supporter les tribulations de la vie.*
« *Mais, mon fils, cette force, qui peut la donner, si*
« *ce n'est moi ?* »

« La forme du petit livre avait tout à coup fait surgir dans l'esprit du marquis de Rivière le souvenir de sa mère, car il lui avait vu un livre tout pareil. Ces paroles achevèrent de l'attendrir, sa mère les lui avait rappelées souvent. Il les relut de nouveau, se mit à réfléchir, puis involontairement recommença à feuilleter le livre inspiré... Soudainement il s'arrêta ; il venait d'apercevoir entre deux feuillets une *hostie !*... Sur le revers de la couverture du livre il avait lu ces mots : « Appartenant à l'abbé ***, aumônier de la prison « d'Etat... »

« Cette hostie avait peut-être été mise là par le prêtre, qui pendant les jours de la terreur, ainsi que beaucoup de ses confrères, n'avait que ce moyen pour porter aux prisonniers le pain des mourants et des forts...

« Cette hostie était peut-être consacrée !...

Cette pensée le fit se lever...; il déposa le livre sur la table...; il l'éloigna des romans, puis commença à se promener avec agitation dans sa chambre... Que de pensées lui étaient venues tout à coup... Dieu! sa mère! les soins de l'enfance et les leçons du toit paternel !

« Voilà que sa prison n'est plus si solitaire...

« En vain la nuit amène ses ombres, il ne peut dormir ; il se tourne et se retourne sur son lit ; une pensée l'agite :

« *Dieu est peut-être ici !*

« Peut-être cette hostie a été consacrée ! peut-être avait-elle été destinée à un de ses prédécesseurs dans cette même prison. Cette idée éloigne le sommeil ; enfin, il ne peut plus y tenir ; il descend de son lit et va tomber à genoux près de la table où le livre a été placé par lui. Là, respectueusement prosterné sur les dalles de pierre, il prie ; il prie avec une ferveur qu'il ne s'est jamais sentie depuis sa première communion... des larmes inconnues lui viennent aux yeux, une résignation longtemps enviée lui est descendue dans le cœur... »

LE TABLEAU.

Il y a peu de temps, on vint prévenir un prêtre qu'une femme dangereusement malade réclamait les secours de son ministère. Le prêtre suivit le porteur de ce message qui le conduisit dans un de ces mauvais lieux pour lesquels la langue chrétienne n'a pas d'expression.

C'était une jeune femme de trente-six ans; attaquée d'une phthisie qui ne laissait aucun espoir, ses joues étaient caves, ses yeux éteints, tous ses membres d'une maigreur effrayante. Sa vie s'était consumée dans le vice; elle y avait entraîné à sa suite plusieurs pauvres filles. Cette femme était mariée civilement et son mari vivait du produit de ses débauches. La tâche était rude pour le prêtre; mais la grâce de Dieu qui surabonde quand l'iniquité abonde, lui vint en aide. La pénitente se confessa, fit l'aveu de ses crimes avec l'expression du plus sincère repentir, et le Dieu d'amour daigna pénétrer dans ce lieu immonde pour offrir la consolation des justes et le froment des élus à la malade qui se mourait.

Cependant la malade, contre toute espérance, reprit un peu de force. On en profita pour la transporter dans la demeure d'une personne charitable qui lui prodigua les soins que réclamaient de cruelles souffrances supportées avec la résignation la plus chrétienne.

Le mari, espérant trouver quelque argent chez la malade, vint la visiter ; il y rencontra le prêtre qui avait absous sa femme, et qui, après bien des préparations (car il n'avait même pas fait sa première communion), parvint aussi à toucher son cœur, à légitimer son union aux yeux de l'Église et à le réconcilier avec Dieu.

Cependant l'état de la malade s'aggravait et il fut bientôt facile de prévoir que son heure était proche. Elle expira en recevant les derniers sacrements.

Pendant le cours de sa longue maladie, son confesseur s'était souvent demandé quelle était la cause mystérieuse du retour à Dieu de cette âme si longtemps plongée dans la fange du vice. Un jour il se hasarda à poser à sa pénitente une timide question sur ce sujet. La moribonde lui montra d'une main défaillante un petit tableau représentant *saint Antoine de Padoue,* peinture de prix qu'elle tenait de sa mère.

« Il est si beau, lui dit-elle, que je le regardais chaque jour et quelquefois, en souvenir de celle qui me l'a donné, je murmurais devant lui une prière involontaire. »

Ce fut un trait de lumière pour le prêtre ! Il admira les voies cachées de la Providence pour ramener à elle les âmes égarées et rendit grâces à Dieu de son inépuisable miséricorde.

LES PATER DE LA PETITE ANNA.

Il ne faut pas plus se fatiguer de prier Dieu que de donner aux pauvres. L'aumône et la prière sont sœurs, et l'on pourrait faire en faveur des pauvres la même réponse que fit une mère à sa petite fille, qui craignait naïvement d'ennuyer le bon Dieu en récitant des *Pater* et des *Ave*.

Elles venaient assister dans l'Eglise de Notre-Dame de Lorette à une messe de mariage. La lettre d'invitation portait onze heures, mais la cérémonie ne devait avoir lieu qu'à midi.

Autant attendre une messe à l'église qu'ailleurs. La jeune mère prend bravement une chaise et s'installe ; après quoi, comme il faut occuper l'enfant, elle dit à sa petite fille :

« Anna, mon enfant, récite un *Pater* pour ton grand-père qui est mort.

— C'est fait, maman, dit la petite au bout de cinq longues minutes de silence et de recueillement.

— Ah ! eh bien ! dis maintenant un *Ave* pour ta tante Jeanne qui est malade. »

L'enfant obéit encore.

« Et maintenant, petite mère?

— Dis encore un *Pater* pour ton oncle Guillaume, qui est allé faire la guerre aux Arabes. »

Trois quarts d'heure environ sont employés de la sorte, tant bien que mal. La pauvre petite a un *Pater* ou un *Ave* à dire pour chaque membre de la famille; on ne lui fait pas grâce d'un grand-oncle ni d'un petit-cousin.

« Et maintenant? redemande Anna d'une voix plaintive.

« — Veux-tu dire encore un *pater* pour ta bonne, qui a si mal aux dents?

— Dis donc, maman, j'ai peur d'ennuyer le bon Dieu avec nos *Pater*. *Si je lui récitais ma fable ?* »

La mère baissa les yeux, sourit et ajouta :

« Oh ! non, mon enfant : sois tranquille, le bon Dieu ne s'ennuie jamais de s'entendre prier. »

VI

PETITES ESQUISSES.

MARTHE LAMBERT.

Marthe Lambert est aveugle, elle est sourde et elle est paralytique ; cela dure depuis seize ans : elle habite à Castres (Tarn) une petite chambre d'une vieille maison de la rue du Temple.

Il y a donc seize ans que cette pauvre veuve gît, vivante, sur son lit de douleur. Vous rendez-vous bien compte de cette situation ? Elle ne voit rien, elle n'entend rien, absolument rien. Ajoutez encore qu'étant paralytique de presque tout le corps, elle ne sent rien.

Quel commerce cette malheureuse pourra-t-elle donc avoir avec les humains ? Par quel moyen communiquera-t-on avec elle ? Lui parler ? Inutile, elle n'entend pas. Faire des signes ? Peine perdue, elle ne peut les voir.

Elle était donc condamnée, cette pauvre âme, à rester ensevelie vivante dans cette matière inerte, comme Dufavel au fond de son puits. Elle était condamnée à un cachot viager, à une nuit sans fin, à un *vade in pace* moral ; à une solitude éternelle et incurable comme ses infirmités ; c'était une séquestration à perpétuité garantie par trois geôliers impitoyables : la cécité, la surdité et la paralysie. N'avoir tout juste que la parole pour la plainte, que le cri pour la douleur ; rien au-delà, et ignorer encore si cette plainte et si ce cri parviennent à des oreilles compatissantes. Mourir à petit feu dans l'isolement de la souffrance et du désespoir, sans pouvoir entendre seulement une parole de consolation, sans même voir la pitié que votre mal inspire.

N'est-il pas vrai que vous ne concevez rien de plus affreux qu'une pareille situation ? Telle était pourtant la destinée de la veuve Lambert.

Mettez-la dans un hospice, autant dire mettez-la au tombeau. Encore si ce tombeau doit la dévorer en peu de temps, que béni soit-il ! Mais non, elle s'y enfouira lentement dans cette double nuit que fait sa maladie autour d'elle, dans cet isolement, dans ces ténèbres, dans ce silence. La flamme divine de l'intelligence survivra seule en elle pour mieux lui faire mesurer l'horreur de son état; et cette lueur ne s'éteindra que bien tard, au milieu des cris de rage de la victime, qui sera réduite à regarder comme un bienfait l'idiotisme ou la folie.

Telle était la destinée de la veuve Lambert, disions-nous ; mais empressons-nous d'ajouter que Dieu n'a pas permis que cette affreuse destinée s'accomplît. Il s'est trouvé, à côté de l'infirme, un cœur vaillant, une ardente charité : Mlle Joséphine Vidalès s'est dévouée tout entière au soulagement de sa sœur. Pour ne pas quitter ce lit d'un pas ou d'une minute ; pour n'être distraite par aucun autre soin de ceux qu'elle prodigue depuis seize ans à cette âme vivante dans ce corps mort, Joséphine Vidalès a renoncé au mariage. Elle s'est retranchée aussi de la société pour s'enfermer, prisonnière volontaire, dans le devoir qui la rivait au lit de sa sœur. C'est ici que sa charité a été aussi ingénieuse que persévérante.

Cette garde-malade officieuse a compris que ce n'était pas assez de veiller jour et nuit sur ce corps, qu'il fallait aussi et surtout occuper et visiter cette âme ensevelie et délaissée au fond de son cachot. Elle a voulu faire parvenir à cette infortunée, à défaut de la parole qu'elle ne peut entendre, une pensée et une pensée de sympathie et de commisération.

Alors, sans autre guide que son cœur, sans autre inspiration que sa bonté, sans autre auxiliaire que sa patience, Joséphine Vidalès a entrepris ce miracle ; elle a mieux fait. elle l'a accompli.

La paralysie a laissé à l'infirme l'usage et la sensibilité de ses deux mains : c'est sur de si faibles moyens que Joséphine Vidalès établit son système : au moyen de l'entrelacement de ses doigts et de pressions variées sur les mains de sa sœur, elle lui communique toutes ses pensées et répond à toutes les questions de l'infirme.

Rien n'est plus attendrissant que de voir cette conversation; car c'est une conversation muette d'une part. La sœur infirme parle seule, la sœur valide ne fait que des signes que l'aveugle traduit à mesure et à haute voix.

Quelquefois, le signe n'est pas compris du premier coup. Marthe tâtonne, ce qui est rare. Une pression de main de Joséphine l'arrête quand elle fait fausse route, ou l'approuve quand elle est dans le bon chemin.

Comment, dans cette sorte d'enseignement mutuel, les deux sœurs ont-elles pu trouver tant de signes, découvrir tant de conventions, c'est ce qu'on ne peut s'expliquer que par le stimulant de la nécessité développé par la plus tendre affection.

Tout sert de point de ralliement aux deux sœurs, leurs souvenirs, les détails de leur existence, des corrélations d'idées, des représentations tangibles de la pensée qu'on veut exprimer; tous les moyens sont employés dans cette traduction matérielle.

Un exemple nous frappa : il fallait parler de

Paris, de Toulouse et d'une petite ville appelée Lautrec.

Pour Paris, Joséphine simula avec la main une couronne sur la tête de sa sœur. Celle-ci comprit aussitôt la cité-reine, la capitale, Paris enfin.

A Toulouse, l'infirme fut, dans sa jeunesse, traitée d'un mal d'oreilles. Cela suffit, et un attouchement fait à l'oreille de la malade lui fit nommer aussitôt la ville qu'on voulait lui désigner.

La petite ville de Lautrec était plus difficile à caractériser. Mais à Castres les habitants de Lautrec passent pour être des cerveaux légers que le vent du Midi pousse volontiers à des extravagances. Il n'en fallait pas davantage, et Joséphine, en soufflant sur les doigts de Marthe, la mit aussitôt sur la voie, et la sourde comprit qu'on voulait lui parler de Lautrec en aussi peu de temps qu'il eût fallu pour le nommer. Ainsi, chaque objet a son signe, et il n'est pas de pensée que l'interprète ne puisse faire comprendre.

Ce qui plaît et ce qui touche, dans ce perpétuel qui-vive de la charité, dans cette incessante faction du dévouement au lit de la douleur, c'est la manière dont cette assistance s'accomplit. Joséphine Vidalès rend ses soins tout uniment, comme si c'était la chose la plus simple du monde, et sans soupçonner qu'il y ait aucun mérite à cela. C'est une abnégation qui s'ignore. C'est mieux encore:

c'est le dévouement *qui rit*, comme la pauvreté de Béranger. Le croirait-on ? cette excellente fille parvient à apporter de l'enjouement dans le martyre de sa sœur ; elle fait pénétrer la lumière au fond de cette nuit ; elle égaye et elle éclaire ; quelquefois elle force la pauvre infirme à sourire.

Quand la malade, tourmentée par le mal, demande à Dieu de l'appeler à lui, Joséphine, tournant le désespoir en enjouement, fait entendre à sa sœur que le bon Dieu n'a que faire d'un si triste cadeau.

Ou bien, si Marthe se désole d'avoir été si cruellement affligée, quand elle reproche à la Providence de lui avoir enlevé toutes ses facultés, Joséphine lui répond par un signe qu'il lui reste encore la parole.

« Ah ! oui, dit l'infirme, il ne manquerait plus
« que cela. Je n'ai que la parole : tu trouves donc
« que c'est trop ? »

Par exemple, ce qu'on n'a jamais pu faire entendre à notre paralytique, c'est le renchérissement des denrées alimentaires. Elle est convaincue que le vin n'a jamais augmenté, et que sa sœur n'en exagère le prix qu'afin de lui en donner moins.

« C'est impossible, dit-elle ; quand je marchais,
« voyais et entendais, les choses ne valaient que
« tant. Et elle ne veut pas en démordre. » C'est Épiménide parlant dans son sommeil.

Quelquefois même, dans sa mauvaise humeur, elle arrive à la conclusion la plus désobligeante pour sa sœur.

« Je vois ce que c'est, dit-elle, tu voudrais me
« faire croire que tout a augmenté. Bon ! c'est
« pour cacher que tu me reproches le peu que je
« mange. »

Car c'est encore là quelque chose qui ajoute au mérite de ce perpétuel sacrifice ; c'est que celle qui en est l'objet n'en sait pas toujours gré à celle qui l'accomplit.

Ces deux sœurs avaient, pour subvenir à leurs besoins, un frère employé dans l'administration des omnibus de Paris.

Ce frère est mort il y a deux ans. Il pouvait donc être ajouté quelque chose au malheur de ces deux femmes.

Quel coup lorsqu'il fallut que Joséphine éplorée, sanglotante, annonçât à Marthe la funeste nouvelle ; lorsque la seule personne que l'infirme pût comprendre dut lui révéler que ce frère bien-aimé, que ce soutien unique, que cette suprême ressource venait à leur manquer à toutes deux ! Quelque temps la sœur voulut cacher à sa sœur cet affreux événement ; mais la douleur fut plus forte : il fut impossible de dissimuler un tel désespoir. Et la paralytique devina le malheur avant de l'apprendre. Ce fut évidemment là une des scènes les plus navrantes qu'on puisse imaginer.

Qu'ajouter de plus? Depuis ce temps, les deux sœurs ont vécu, si l'on peut appeler vivre ne pas mourir.

LA BONNE RELIGIEUSE DE PROVINS.

Une cérémonie bien touchante avait lieu dans l'église Sainte-Croix, de Provins, dans le courant du mois d'octobre 1858 : c'était le service mortuaire d'une religieuse, digne servante de Jésus-Christ, qui, après cinquante années de dévouement, allait recevoir du divin Maître la récompense promise. Nous trouvons les détails suivants dans une note publiée à Provins sur cette sainte femme :

« Passer sa vie au milieu des infirmités les plus repoussantes, supporter avec calme les impatiences de la douleur, se multiplier auprès de ses malades, sans un instant de négligence ou de distraction, et, parmi tant d'épines, rester toujours sereine, souriante même, avec une modestie qui lui dérobait son propre mérite, telle fut la sœur Louise Virole, de la congrégation des Sœurs de la charité de Nevers.

« La passion du devoir fut si vive chez elle, que

l'amusement le plus passager lui eût semblé coupable. Croirait-on que jamais elle n'a voulu sortir de notre Hôtel-Dieu pour voir un peu la ville. La salle de ses militaires était pour elle une avenue du paradis.

« Aussi Provins s'est empressé de rendre à ses vertus un dernier hommage : les tambours voilés de crêpes, une musique funèbre des plus expressives, annonçaient le deuil public. Un clergé nombreux, toutes nos religieuses, MM. les administrateurs des hôpitaux et leurs pauvres, nos autorités, beaucoup d'habitants, et enfin nos braves militaires, émus, attendris, formaient le cortége que Mgr l'évêque attendait au pied de l'autel.

« Nous n'en dirons pas davantage ici. Pour louer dignement cette belle vie, il faudrait l'écrire toute entière. Reportons-nous seulement à l'invasion de 1814 ; voyons dans nos trois églises cette terrible fièvre pernicieuse moissonnant pêle-mêle étrangers et Français, l'hôtel-Dieu encombré, sœur Louise infatigable ! Son ardente charité en fit la Providence de tous les blessés, de tous les mourants. Pour elle point d'ennemis, tous des frères. Et peut-être qu'aujourd'hui encore, du fond de la Prusse et de la Russie, quelque pauvre soldat bénit dans sa chaumière la bonne religieuse de Provins. »

ATHANASE ROUSSELLE.

Le 27 décembre 1857, en descendant la rue de Vaugirard, je rencontrai, à la hauteur de la rue Cassette, un modeste convoi suivi d'un cortége nombreux composé, en grande partie, de jeunes ouvriers, parmi lesquels je reconnus plusieurs physionomies dont les traits m'avaient déjà frappé aux réunions des Saintes Familles et de Saint-François Xavier. Mais ce qui excita surtout mon attention, ce fut la présence de Mgr de Ségur, qui suivait le cercueil, appuyé sur le bras de son secrétaire. Je remarquai une expression douloureuse sur cette douce et pieuse figure, à laquelle la cécité ajoute je ne sais quel charme mystérieux. A ses côtés, un ouvrier marchait abîmé dans une douleur profonde, mais tempérée cependant par un rayon de céleste espérance. Évidemment c'était un père veuf de son enfant, qui avait trouvé dans la foi la force nécessaire pour supporter le coup le plus cruel qui puisse atteindre ici-bas le cœur d'un homme.

Toutefois, voulant en connaître davantage, j'allai le lendemain trouver un de ces hommes de bonnes œuvres si nombreux à Paris, qui se tiennent au courant de toutes les joies et de toutes les douleurs de la charité, comme tant d'autres se mettent au fait de la hausse et de la baisse de toutes les affaires.

« Vous avez vu le convoi d'Athanase Rousselle, me répondit-il.

Comme j'insistais pour obtenir quelques renseignements plus détaillés : « C'était, ajouta-t-il, le fils d'un de ces ouvriers qui ont conservé le culte des vieilles croyances et qui se rencontrent encore, Dieu merci ! plus souvent qu'on ne serait tenté de le croire. Je ne saurais vous dire combien sa digne et patriarcale famille m'a causé d'édification. Son père et sa mère habitent une des rues qui avoisinent Saint-Sulpice, et je puis vous assurer que M. Hamon n'a pas de paroissien plus exemplaire et plus zélé. Aussi Athanase puisa-t-il de bonne heure à leur école les principes religieux qui ont été l'honneur et la joie des quelques années qu'il a passées sur la terre. Comme tous les enfants prédestinés, il laissa deviner dès son bas âge des dispositions singulières pour toutes les choses de Dieu. Un jour, M. l'abbé de Ségur le rencontra sur son chemin, et il ne tarda pas à pénétrer sa belle âme. Il cultiva avec amour ses heureux penchants, et le jeune Rousselle s'attacha à son vénérable directeur avec une affection qui n'avait d'égale que celle qu'il portait à ses parents et à ses pauvres. Car Athanase avait ses pauvres... Il s'était créé de bonne heure toute une clientèle d'amis souffrants et malheureux qu'il visitait régulièrement et auxquels il distribuait, avec de bonnes paroles, ses petites économies. Après la prière, la charité était le premier besoin de son cœur.

« Aussi, lorsqu'il devint membre de l'Œuvre des Jeunes-Ouvriers de Saint-Thomas d'Aquin, il eut l'idée de proposer à ses camarades d'établir parmi eux une petite conférence de saint Vincent de Paul.. Dieu bénit son inspiration, et aujourd'hui cette conférence est en pleine voie de prospérité.

« Dans ces derniers temps, sa dévotion et sa charité s'accrurent d'une manière sensible. Dominé par un de ces pressentiments mystérieux que Dieu accorde souvent aux âmes d'élite, il sentait qu'il n'avait plus que peu de jours à passer sur la terre, et il multipliait ses communions et ses bonnes œuvres.

« Le 1er décembre, à la suite de l'enterrement d'une de ses cousines, ces pressentiments agirent avec une grande force sur son esprit. C'était la troisième personne de sa famille qu'il conduisait au cimetière dans l'espace de quelques semaines : « Voici bien des tombes ouvertes, disait-il à sa mère en revenant de la cérémonie funèbre ; à bientôt la mienne ! » Le lendemain il éprouvait les premières atteintes d'une fièvre typhoïde qui prit bientôt les caractères les plus alarmants. Sa maladie dura vingt-six jours, et, pendant cette longue lutte contre la mort, Athanase ne cessa de bénir avec effusion le Seigneur qui l'appelait à lui. Dès les premiers instants il comprit que son heure était venue : « Ne vous faites pas d'illusions, disait-il à son père, vous n'avez plus d'enfant sur cette terre ! Que la volonté de Dieu soit faite pour vous comme pour moi, » ajoutait-il en joignant les mains et en élevant vers le ciel un regard d'ineffable ravissement.

« Son père lui présenta alors un crucifix. Il l'embrassa avec ferveur en disant : « Mon Dieu, je vous aime par-dessus toutes choses ! » Et puis, se tournant vers l'assistance : « Oui, je l'aime, ajouta-t-il ; je l'entends qui m'appelle, je vais aller à lui ! »

« Parmi les personnes qui le soignaient se trouvaient une pauvre femme qu'il n'avait pas cessé de visiter pendant huit années et un de ses amis intimes, président de la petite conférence de Saint-Thomas. Il leur adressait souvent la parole : « Mon pauvre Jules, disait-il à son ami, tu n'auras plus de camarade ; je prierai bien pour toi là-haut, et aussi pour notre conférence et pour l'heureux résultat de notre concert.... Dimanche, vous allez chanter les louanges de Dieu à l'association ; moi, je les chanterai avec vous... dans le ciel ! »

« De telles paroles apportaient leur baume consolateur à la douleur de ceux qui se pressaient autour de son lit de souffrances. Ses parents étaient préparés à recevoir en chrétiens le coup qui allait les frapper : « Mon enfant, lui disait sa mère avec une foi et une force d'âme bien dignes d'admiration, mon enfant, tu es bien heureux, tu vas mourir entouré des prières et des bénédictions de tous les amis, tandis que Notre-Seigneur est mort au milieu des malédictions et des blasphèmes de ses ennemis. »

« Le 21 décembre, Mgr de Ségur vint lui apporter le saint viatique. On devine, sans qu'il soit besoin de le dire, avec quelle foi, avec quelle angélique résignation Athanase reçut pour la dernière fois le froment des élus des mains du vénérable prélat qui avait été son guide et son soutien dans les voies de l'éternité.

« Athanase Rousselle rendit le dernier soupir le lendemain de la fête de Noël. Il avait à peine vingt-deux ans, et déjà sa vie, remplie de bonnes œuvres, était mûre pour le ciel.

« Les jeunes ouvriers de Saint-Thomas d'Aquin et les membres de la petite conférence, parmi lesquels il ne comptait que des amis, se pressaient tous derrière son convoi. On y remarquait aussi une députation de l'Œuvre de Saint-François-Xavier. Après avoir assisté au service, Mgr de Ségur voulut encore accompagner jusqu'au cimetière la dépouille mortelle du jeune ouvrier, et comme on lui offrait une voiture à la porte de l'église : « Non, dit-il, non, il faut que ses deux pères le conduisent jusqu'à sa dernière demeure. »

Que pourrais-je ajouter à un tel récit? — Je n'ai cru pouvoir mieux faire que de le reproduire dans toute sa simplicité. Puisse-t-il faire naître chez le lecteur l'émotion à la fois douce et profonde que j'ai moi-même éprouvée quand je l'ai recueilli d'une bouche habituée, il est vrai, à trouver le chemin des âmes et qui possède, au plus haut degré, un secret que ma plume lui envie : celui d'émouvoir et d'élever les cœurs vers Dieu !

M. L'ABBÉ HAUVERT.

Nous allons raconter la mort de M. l'abbé Hauvert qui, après de longs et nombreux services comme aumônier de l'armée de Lyon, avait rempli pendant huit mois les fonctions d'aumônier divisionnaire de l'armée d'Orient. Nous reproduisons les détails suivants, extraits d'une lettre écrite par un officier supérieur à un de ses amis :

« .... J'ai beau retarder, il me faut arriver à un sujet bien douloureux pour nos cœurs. Elevons-les vers Dieu, mon cher ami ; nous nous sommes confiés en lui et nous devons remettre entre ses mains paternelles ceux qui nous sont chers. C'est un lien qui nous attachait à lui et qui s'en est allé vers lui ; oui, je crois que nous pouvons le dire, il n'a fait que se rapprocher de Dieu, et désormais c'est Dieu qu'il inclinera vers nous par ses ardentes sollicitations. — Vous me comprenez. — Ce bon M. Hauvert a rendu sa douce âme à Dieu.

« Pourquoi ne pas vous dire le peu que je sais à cet égard? N'est-ce pas le Seigneur qui blesse et qui guérit?— Eh bien ! celui pour lequel il a donné sa vie n'a pas voulu, non que son sacrifice fût sans amertume, car il a bu, je crois, le calice jusqu'à la lie de l'abandon, mais que la dépouille de ce bon serviteur fût sans honneur et sans lieu. — J'étais allé voir l'abbé Martin. « Il m'est arrivé une chose « bien pénible, me dit-il. Vers midi, 25 février, un « docteur de bâtiment s'arrête à la porte de la « chapelle et nous causons un instant à propos des « travaux que je fais exécuter.

« A cinq heures, il revient : « Monsieur l'abbé, « je ne parle point officiellement, mais je crois « devoir vous déclarer qu'un prêtre qui est à bord « de l'*Assyrien* va mourir. — Je prends une barque, « ajouta l'abbé Martin, et je me rends à bord en « toute hâte ; malheureusement il était mort. » — Alors je l'interrompis : « Quel jour? — Samedi. — « Mais c'est l'abbé Hauvert? — C'était lui-même, » me répondit-il.

« Ainsi, ce pauvre homme qui en a tant aidé à mourir n'a probablement pu être consolé à sa dernière heure. — Dieu a voulu que son sacrifice fût complet. Dans sa miséricorde, il l'a trouvé digne de ce tranquille espoir que son dévouement savait si bien, en face de la mort, inspirer à l'âme, quel que fût son passé.

« Quoi qu'il en soit, et sans doute pour notre consolation, Dieu permit et ce que je viens de vous dire, et ce que je vais ajouter. Ce brave abbé Martin alla trouver le commandant du bâtiment. « Vous ne songez pas sans doute à garder ce corps « pour le jeter à la mer lorsque vous serez parti ? « — Mais je n'ai pas d'ordres. — Dans ce cas, je « prends tout sur moi, et je vous prie de le faire « débarquer sur-le-champ. »

« Le lendemain, après les prières de l'Église, les restes de notre pauvre abbé furent conduits en terre avec le concours de six prêtres syriens et les aumôniers de terre et de mer. Ainsi, dès ce moment, et c'est une faveur expresse de la Providence, ce corps était glorifié dès ici-bas, comme prémices du jour où il ressuscitera glorieux pour l'éternité. Cette espérance ne sera point vaine, chers amis : elle est au contraire fondée. Un homme n'aura pas quitté les siens pour se consacrer à Dieu ; il n'aura pas quitté son repos pour venir, loin de son pays, combattre le bon combat ;

il n'aura pas laissé sa dépouille dans la lutte, pour que Jésus ne le revête pas du vêtement d'immortalité. Je désire et j'espère davantage ; j'espère que l'œuvre commencée par le bon abbé Hauvert, que cette récolte d'âmes qu'il était en train de faire ne séchera pas sur pied. Il achèvera là-haut ce qu'il commençait ici-bas, et il sera paré un jour de cette couronne qu'il laisse peut-être actuellement inachevée. Aidons-le donc dans cette tâche. Que notre prière lui permette, si ce n'est déjà fait, de satisfaire entièrement à Dieu, afin qu'il puisse continuer plus efficacement ces nobles efforts qui ont usé sa vie. »

LE DOCTEUR BONNET.

Au mois de décembre 1858, la ville de Lyon a fait une perte qui s'est élevée à la hauteur d'un deuil public dans la seconde ville de France, celle du docteur Bonnet.

C'était un homme de bien et un laborieux docteur.

Comme tous les grands médecins, le docteur Bonnet ne se bornait pas à étudier et à traiter les maladies du corps, il étudiait l'âme des malades aussi bien que l'organisme anatomique, et il lui appliquait parfois une médication énergique. Un jour il avait donné ses soins à une jeune femme d'un caractère fantasque et difficile qui avait fait une légère chute. Le soir, il la rassure pleinement, lui promet une bonne nuit et la guérison après le repos. A minuit elle appelle, le force de suspendre la page commencée. Il la trouve entourée de sa famille effrayée. « Ah ! docteur, je me sens mourir ; vous ne voulez donc pas me sauver ! » Amédée Bonnet regarde sévèrement la malade et lui dit : « Vous souffrez fort peu, madame ; et s'il vous reste quelques craintes, c'est que votre esprit est bien faible et votre confiance en moi très-limitée. » Deux heures après, on frappait de nouveau à la porte du docteur, et, malgré sa résistance, on le mettait dans l'obligation d'interrompre inutilement ses méditations, une seconde fois. Les doléances redoublèrent : « Ah ! docteur ! que vous ai-je fait pour m'abandonner ainsi, vous qui soignez si bien les autres ? » Le docteur resta fort longtemps immobile, le bras de la jeune femme dans sa main, les yeux attachés sur son visage, qui se troublait. Tout à coup, il parut soucieux. « Le mal est plus grand que je ne le croyais, dit-il, qu'on laisse la malade dans la plus profonde solitude ; la tête est malade. Il faut couper la chevelure ; demain, sans doute, il y aura une opération à faire, » et il se retira. Le lendemain, de bonne heure, le docteur reçut un billet qui le prévenait de n'avoir pas à se déranger, tout danger ayant disparu.

A la différence des économistes et des philanthropes, qui sont pleins de tendresse pour les hommes pris en général, et souvent pleins de dureté pour l'infortuné qui tend vers eux une main suppliante, le docteur Bonnet, qui était né au milieu des orages révolutionnaires, était sévère pour l'humanité et plein d'indulgence et de charité pour le malheur.

Le fait suivant montre comment il savait s'emparer des natures perverses.

Il fut une fois assailli par trois hommes qui prononcèrent la fatale formule de Cartouche et de Mandrin.

« Pour toute bourse, dit le docteur, j'ai des dissertations sur la pathologie ; et si vous prenez ma vie, cela ne vous dispensera pas de gagner la vôtre. Je suis armé, vous ne l'êtes pas, je peux vous tuer ; je vous connais, je puis vous dénoncer. Je ne ferai ni l'un ni l'autre ; mais c'est à une condition, c'est que dès demain vous viendrez chez moi ; vous n'êtes pas accoutumés au métier, il vous sera facile de l'abandonner. A demain : prenez garde de ne pas manquer au rendez-vous. »

La voix du docteur Bonnet avait une grande puissance, qu'elle empruntait à l'autorité de la science, les agresseurs furent anéantis en l'entendant les appeler par leurs noms, eux qui se croyaient si bien inconnus de lui. Le lendemain ils étaient chez lui, humiliés, tremblants, pleins de repentir. « Si je vous dénonçais, dit le docteur, vous seriez jetés en prison, condamnés et placés, après votre libération, sous la surveillance de la haute police. J'aime mieux tout simplement vous placer sous la mienne. Chaque mois vous viendrez me voir, dire comment vous avez vécu. N'espérez pas me tromper ; j'aurai toujours l'œil sur vous. En laissant trois voleurs de grand chemin dans la société, je prends une grande responsabilité, vous le comprenez ; je m'engage à en faire trois hommes honnêtes. Mes propositions vous conviennent-elles ? » Les voleurs n'avaient pas à choisir, ils acceptèrent ; et, pendant bien longtemps, ils vinrent recevoir l'approbation ou le sévère blâme de leurs actes. Ils s'étaient attachés au docteur. « Je vous remets en liberté, leur dit-il un jour, vous en êtes dignes. Ma surveillance devient inutile. » Ces hommes se montrèrent extrêmement affligés. « Mais, reprit le savant professeur, je ne renonce pas à vos visites mensuelles ; désormais, elles seront des visites d'amitié. »

Après un tel fait, nous n'avons pas besoin d'ajouter que M. Bonnet était chrétien. Quel autre qu'un chrétien serait capable d'une charité si délicate et si persistante ?

LA BIOGRAPHIE D'UN MARÉCHAL DE FRANCE ÉCRITE PAR LUI-MÊME.

Plusieurs journaux étrangers ont publié l'année dernière une lettre écrite, il y a plus de six ans, par M. le maréchal Vaillant, à l'un de ses nombreux homonymes domicilié dans le département de la Haute-Saône, et qui lui avait demandé quelques informations sur son origine, afin de savoir s'il y avait entre eux des relations de famille.

Nous sommes heureux de contribuer à notre tour à la publicité de cette lettre qui est écrite avec une savante bonhomie et une fière humilité.

« Paris, le 17 octobre 1852.

« Monsieur, vous m'avez adressé une bonne lettre, et celui qui l'a écrite doit être un brave homme ; je serais très-fier qu'il fût mon parent; mais je ne sais pas si nous pourrons éclaircir ce point.

« Le nombre des Vaillant est fort grand en France, et il y a peu de probabilité qu'ils aient une souche commune ; il est plutôt à croire que c'étaient, dans l'origine, des gens de pas grand'chose comme naissance, qui, ayant montré du courage, ont reçu ce sobriquet flatteur.

« C'est encore la mode dans le midi de la France, et ce devait être très-commun autrefois, quand les actes civils étaient mal tenus et que les vilains comme vous et moi, monsieur, comptaient pour si peu dans le monde; mais laissons cette digression et venons au fait que vous tenez à éclaircir.

« Mon père, que j'ai eu le malheur de perdre en 1823, avait été secrétaire général de la préfecture de la Côte-d'Or en 1815; il fut nommé représentant pendant les Cent-Jours, puis destitué de son emploi à la préfecture, emprisonné comme bonapartiste, etc.

« J'étais alors à l'armée derrière la Loire. Mon père est mort pauvre, mais estimé de tous. Je ne lui ai pas connu un seul ennemi. Ses amis l'appelaient Jésus-Christ, tant il était bon pour tout le monde; je ne lui ressemble en rien. Il était mince, et je suis fort et gros; il était doux, et l'on me trouve bourru; enfin il avait autant de belles et bonnes qualités qu'on dit que j'ai de défauts, et je crois qu'on ne se trompe pas. Mon père a élevé une nombreuse famille, bien réduite aujourd'hui. J'ai une sœur, non mariée, à Dijon; une autre qui est veuve et dont un des fils, M. Cirodde, est ingénieur des ponts et chaussées à Châtillon-sur-Seine; il est presque votre voisin. J'avais un frère cadet que j'ai eu le malheur de perdre en 1814.

« Mon père avait un frère aîné qui est mort bibliothécaire de la ville de Dijon ; mon grand-père était petit marchand de soie sur la place Saint-Vincent, à Dijon ; son père avait été cordonnier. Je ne puis remonter plus haut; mes quartiers de noblesse s'arrêtent là. J'ai entendu dire qu'un de mes grands-oncles avait été soldat et blessé dans le Canada.

« Mon père avait épousé une demoiselle Canquoin. Un frère de ma mère est mort curé de Genlis (Côte-d'Or) ; c'était un excellent homme ; nous le regrettons tous les jours. Son frère avait été directeur de l'enregistrement; nous l'avons perdu en 1839.

« Je n'ai pas d'enfant, et c'est le plus grand chagrin qu'ait pu me faire le bon Dieu; je ne lui ai jamais demandé ni richesses ni honneurs; il m'a donné ce que je ne désirais pas, et m'a enlevé l'an passé mon beau-fils, l'enfant de ma femme ; il faut se soumettre à ses décrets.

« Je suis né à Dijon, le 6 décembre 1790 ; à peine si je me rappelle ma mère. Nous étions bien pauvres, bien pauvres ! Nous avons été élevés bien doucement, bien tendrement, mais au milieu des privations de toute espèce. La bonne qui m'a reçu vit encore; elle habite Dijon. Mes sœurs et moi nous l'aimons comme une mère ; elle nous aime comme si nous étions ses enfants. Le bon Dieu ne fait plus des êtres dévoués comme l'a été cette fille, qui nous a tous reçus dans ce monde et soignés avec un amour que je ne saurais exprimer ; elle a refusé vingt partis pour rester avec nous, qui lui donnions cependant tant de mal. Je suis entré à l'École polytechnique à seize ans ; j'en suis sorti pour entrer dans le génie.

« Le grade qui m'a fait le plus de plaisir, c'est celui de caporal à l'École polytechnique. J'ai fait la campagne de Russie, celle de 1813 ; j'ai été fait prisonnier à la fin de 1813. J'étais à Waterloo ; j'ai été blessé à la défense de Paris en 1815. J'ai eu la jambe labourée par un biscaïen au siége d'Alger, en 1830. Mes chefs ont dit qu'ils étaient contents de moi au siége d'Anvers, en 1832.

« L'empereur m'a dit qu'il avait été content de moi au siége de Rome.

« Voilà, monsieur, mon histoire à peu près complète. Je serai très-content si vous trouvez dans tout cela quelques preuves d'une communauté d'origine entre votre famille et la mienne.

« Je vous prie d'agréer l'assurance de ma parfaite estime, et de me croire votre tout dévoué serviteur.

« *Le maréchal* VAILLANT. »

Assurément cette lettre fait honneur aux sentiments du maréchal. Qu'il nous permette cependant d'y relever une légère inadvertance historique : M. le maréchal dit « qu'autrefois les vilains comme lui et son homonyme comptaient pour peu de chose dans le monde. » M. le maréchal se trompe ; les vilains comme lui font toujours leur chemin dans ce monde. Jean Bart, Chevert, Fabert et tant d'autres qui n'étaient pas nés, sans doute, dans des régions aristocratiques n'eurent pas besoin d'attendre 1789 pour commander des flottes et des armées.

MONSEIGNEUR D'ARBOU.

Le souvenir de Mgr d'Arbou a laissé de nombreux regrets dans les diocèses qui ont été confiés à sa sollicitude. Celui de Bayonne en particulier n'oubliera point les touchantes vertus de ce saint évêque qui l'enrichit de si utiles établissements et qui lui a donné un témoignage expressif de tendresse en lui léguant son cœur. Conformément aux vœux du prélat, ce cœur a été déposé dans la chapelle du Carmel d'Oloron dont il avait été le fondateur. L'archiprêtre de cette cité, M. Menjoulet, s'est rendu l'interprète des sentiments des pieuses Carmélites, et a prononcé à cette occasion un discours remarquable dont nous reproduisons les principaux passages :

« Étienne-Marie Bruno d'Arbou sortait de l'enfance, lorsque la révolution éclata et vint bouleverser la France jusque dans ses fondements. Il grandit au milieu des terreurs; il vit couler le sang des familles alliées à la sienne ; il vit la religion persécutée et bannie, les institutions de la patrie renversées de toutes parts, l'athéisme et l'impiété, le désordre et l'anarchie régner souverainement sur cette terre qu'on avait appelée *le plus beau royaume du monde après celui du ciel...* Son éducation s'acheva dans les ruines.

« Tout s'écroula autour de lui ; mais la foi de ses pères resta debout dans son âme. Les temples étaient fermés à sa piété; mais le foyer domestique lui fut un sanctuaire où se ranima sans cesse le feu sacré de l'amour de Dieu. Plusieurs des compagnons de son âge avaient fléchi sous l'empire de l'esprit nouveau ; quant à lui, en vrai serviteur de Dieu, il ne trouva dans les désastres publics qu'un stimulant de plus pour s'attacher à la religion du divin Crucifié.

« Aussi, quand le génie d'un grand capitaine et la sagesse d'un saint Pontife eurent relevé les autels, vit-on le jeune d'Arbou, fils aîné d'une noble famille, sacrifier les plus légitimes espérances et se dévouer au service de l'Église, dont les plaies encore saignantes attendrissaient son généreux enthousiasme.

« A vingt-quatre ans, il quittait le monde et courait se placer sous la mâle direction de l'abbé Emery, qui venait de rouvrir cette célèbre école de Saint-Sulpice. Là se réunirent en même temps plusieurs autres jeunes hommes de naissance, comme lui destinés par le ciel à devenir un jour des évêques dignes des plus beaux âges de l'Église.

« A peine ordonné prêtre, l'abbé d'Arbou fut nommé supérieur du petit séminaire de Toulouse. Il sut imprimer à cette maison naissante l'essor qui la porta plus tard au degré de prospérité que semblaient exiger d'elle les traditions de l'ancien collége de Lesquille.

« Les sulpiciens dirigeaient alors le grand séminaire du diocèse. Leur congrégation fut supprimée par le gouvernement, et c'est à M. d'Arbou qu'échut le difficile honneur de continuer leur œuvre auprès des lévites du Midi. Il eut à traverser des heures bien pénibles; sa santé, jusqu'alors si vigoureuse, y reçut une atteinte dont il ne devait jamais guérir. Mais, sous sa main habile et ferme, se façonnèrent à tous les genres de mérites plusieurs générations d'excellents prêtres, qui sont encore la joie et l'honneur de l'Église. M. d'Arbou remplit cette importante mission jusqu'au jour désiré où il put remettre l'établissement agrandi aux *apostoliques* directeurs qu'une erreur malheureuse en avait expulsés dans un moment d'embarras politique.

« Il était déjà l'un des membres les plus estimés du conseil de l'archevêque; bientôt après, l'illustre cardinal de Clermont-Tonnerre le nommait son vicaire général.

« Cependant le Saint-Siége et la royauté, complétant l'œuvre du Concordat, créèrent trente nouveaux évêchés dans l'Église de France. A cette occasion, il y eut une promotion de trente évêques, appartenant pour la plupart aux grandes familles du royaume. Ce fut comme la dernière lueur jetée par cette ancienne noblesse qui, durant des siècles, avait répandu un si pur éclat sur le clergé français.

« M. d'Arbou eut sa place dans cette brillante promotion : il fut nommé évêque de Verdun. »

Après avoir décrit en traits rapides et saisissants l'esprit de foi qui fut la vertu caractéristique de Mgr d'Arbou et qui le dirigea dans toutes ses actions, l'orateur ajoute :

« Il est un point de la vie extérieure de Monseigneur d'Arbou sur lequel on aimerait à s'étendre : ce sont les œuvres de sa charité. Mais qui pourrait les dire toutes? Évêque ou solitaire, il épuisait au delà de ses revenus et s'imposait à lui-même toutes sortes de privations pour aller au secours des pauvres, pour concourir aux louables efforts de la charité publique, pour relever des églises en ruines, pour ouvrir des asiles à l'indigence, au repentir, à l'étude, à la prière et au zèle apostolique.

« Lorsque, dans ses derniers jours, on lui conféra la dignité de chanoine de Saint-Denis, il n'y vit qu'un surcroît de ressources pour augmenter ses aumônes, et je sais que jamais son traitement n'entra dans sa maison, que toujours il l'envoya directement des mains du payeur dans celles de ses pensionnaires. En un mot, je ne crains pas d'affirmer que, dans le cours de sa longue vie, cet homme de bien a consacré près d'un million à ses bonnes œuvres. »

L'ABBÉ SOULAS.

On vient de publier une notice sur la vie et les œuvres d'un fidèle disciple de saint Vincent de Paul, M. l'abbé Soulas, dont la mort a été un deuil pour le diocèse de Montpellier. Les pauvres l'ont pleuré comme un père ; aussi ne travaillait-il que pour eux et a-t-il épuisé sa santé, ses forces, sa vie en leur faveur. Il se privait de tout pour les assister dans leurs besoins. Son logement était d'une extrême modestie. Un jour un de ses amis

lui disait : « Vous pourriez bien suspendre quel-
« ques tableaux sur ces murs, qui sont trop nus ;
« la dépense serait bien minime. — Non, ré-
« pondit-il, pas aussi minime que vous le pen-
« sez. Avec l'argent que j'emploierai à cette res-
« tauration, je puis acheter quelques sacs de blé
« pour mes orphelins. Or, j'aime mieux embel-
« lir l'estomac de ces pauvres enfants que les
« murs de ma vieille chambre. »

Un autre jour, quelqu'un lui demanda comment il s'y prenait pour faire tant de bonnes œuvres. Il répondit avec une brusque franchise : « En mangeant beaucoup de pommes de terre. »

Une autre fois, se voyant contrarié dans l'exercice de ses bonnes œuvres, il alla trouver son évêque, et, tombant à genoux devant lui, il s'écria : « Monseigneur, qu'on m'arrache les entrailles si « l'on veut, mais qu'on me laisse mes pauvres ! »

LÉO DE CAHUSAC.

Depuis le rétablissement de l'ordre religieux du Carmel, en France, ce qui ne remonte pas au delà de vingt ans, le petit coin de terre qui en fut le berceau a vu, pour parler comme le prophète Isaïe, « changer son désert en un lieu de délices,

« et sa solitude en un jardin du Seigneur. » Situé dans la commune de Rions, non loin des ruines pittoresques de l'ancien château de Bénauge, à dix lieues de Bordeaux, son couvent semble être devenu le rendez-vous privilégié d'un grand nombre de jeunes hommes appelés à jouir, dans le monde, des distinctions de la naissance, de la fortune, du talent ou d'autres supériorités sociales. On dirait qu'ils ont peur de la gloire ou des plaisirs. Ce sont, en effet, tantôt le pianiste Hermann, dont les compositions excitaient l'enthousiasme des salons, tantôt le jeune peintre Baüer, parent des plus riches banquiers de l'Europe, tantôt encore le frère Philibert semblant n'apporter dans le cloître que le dégoût des tourmentes révolutionnaires, et édifiant de sa main même un monument magnifique consacré aux autels de sainte Térèse : vingt autres conquêtes ou métamorphoses attendrissantes du même genre pourraient être citées. Il ne s'agira cette fois que du dernier des religieux du même ordre qui acheva son année de noviciat le 23 juillet 1859. Suivant la règle, c'était ce jour-là qu'il devait faire ses vœux et oublier à jamais la multitude qui cherchait à l'enivrer naguère de ses applaudissements.

Né sous le ciel ardent de la patrie de Clémence Isaure, doué des avantages de la nature, de la noblesse et de la fortune, élevé par les soins d'un pieux ecclésiastique, parvenu à l'âge où toutes les séductions ont tant de prise sur le cœur humain, il céda d'abord à l'inspiration de n'user des charmes de son caractère et de son esprit, et surtout d'une qualité de voix que lui aurait enviée le plus brillant ténor, que pour donner plus de solennité aux cérémonies religieuses et pour venir en aide aux pauvres. Mais ce n'était pas assez pour son âme passionnée et tendre ; son ambition tendait plus haut encore ; il sentit le besoin d'avoir des entretiens intimes et mystérieux avec le ciel ; et un jour son père, sa mère, toute sa famille qui l'idolâtraient apprirent qu'il venait tout à coup d'échanger les riches tentures de sa demeure pour les murs à peine blanchis d'une étroite cellule, le costume exigé de son rang pour le scapulaire de bure grise, et la cithare des troubadours pour le rosaire des Ermites.

« M. Léo de Cahusac s'est fait moine ! répéta de
« toutes parts avec étonnement et émotion la
« haute noblesse de Toulouse. — Quel dommage !
« disaient les uns ; il y avait dans l'étoffe de ce
« gentilhomme de quoi tailler amplement un
« sénateur, un préfet, ou un officier supérieur. —
« Il est regrettable, disaient les autres, qu'il
« n'ait pas souri à l'assurance, qu'on lui a
« donnée si souvent, que pour trouver cent

« mille francs dans son gosier, il n'aurait eu
« qu'à aller frapper à la porte de l'Opéra ! » —
Propos frivoles que ne pouvait plus entendre
l'heureux fugitif dormant plus paisiblement sur
ses planches du Brouney que sur l'édredon de
Toulouse, et disant tout bas au maître des novices, comme autrefois l'illustre chevalier d'Albergotti à l'abbé de Rancé : « J'aime mieux être le
dernier dans la maison du Seigneur, que d'occu-
« per le premier rang parmi les hommes. »

Depuis ce jour, il n'a cessé de se distinguer
dans la fervente milice de Saint-Jean de la Croix,
par la plus stricte observance des règles de la
discipline monastique, l'exactitude des exercices,
l'austérité du régime et la conviction de ses
prières. Enfin le moment si désiré de mettre à la
voile pour les rivages de l'éternité a été annoncé,
et les compatriotes et les amis de M. Léo de Cahusac sont accourus en foule ; les curieux mêmes
ont voulu assister une fois de plus à ce spectacle
plus admiré que compris d'eux.

Le dernier jour de l'Octave de Notre-Dame du
Mont-Carmel, à quatre heures, à l'issue des vêpres, la chapelle du Brouney a reçu la promesse
du frère Marie-Ange de la Croix d'adopter la
devise de la séraphique Vierge d'Avila : *Souffrir
ou mourir*. On remarquait dans l'assemblée son
frère plus jeune et quelques-uns de ses anciens

amis : deux d'entre eux, MM. de Finance et de Villefranche, ont successivement chanté dans le chœur des cantiques du R. P. Augustin dont la vogue est si populaire dans tout le Midi. La langue des hommes est impuissante à exprimer les divers sentiments qui faisaient battre tous les cœurs dans cette auguste et touchante cérémonie ; nous dirons donc seulement que des larmes ont coulé de tous les yeux, lorsque, revêtu du scapulaire, le jeune cénobite étendu sur les marches de l'autel, la face contre terre, comme s'il était mort, est demeuré dans la plus profonde méditation, tandis que les autres Carmes déchaussés entonnaient le *Te Deum*, et lorsque, s'étant relevé et le front ceint par son supérieur d'une couronne de roses blanches, il a parcouru les rangs de ses nouveaux frères en Dieu, et qu'à genoux il a pressé dans ses bras chacun d'eux, en recevant une sainte accolade. C'était là une des scènes de la terre qui peuvent seules procurer un avant-goût des joies célestes.

Lorsque la foule se retirait en silence, un inconnu a respectueusement offert à une jeune femme qui cherche vainement à retenir dans l'ombre sa piété et ses bonnes œuvres bénies dans la contrée, une petite branche d'absinthe cueillie dans le jardin du Carmel. Cet hommage semblait signifier qu'en un autre siècle saint Bernard s'arrêta avec quelques hommes pieux dans la vallée de Clairvaux, solitaire comme le Brouney, et qu'on nommait alors la vallée de l'Absinthe, soit parce que cette plante y croissait en abondance, soit parce que l'Écriture sainte affirme que l'âme pressée de la faim de Dieu trouve infiniment doux même ce qui est amer.

LA SŒUR NATALIE

Elle n'a point paru avec éclat sur la scène du monde, son nom n'a guère franchi les bornes du diocèse où elle est née, où elle a vécu, combattu et humblement souffert pour la gloire de Dieu, le service des pauvres et le salut des âmes. Sa vie est de celles qui méritent l'admiration des anges, mais qui n'attirent guère l'attention des hommes. Elle devait tenter une plume chrétienne. En écrivant sa vie, M. le comte de Melun a doté la littérature catholique d'un beau livre de plus. Il ne voulait qu'édifier les lecteurs, et il les a charmés par une histoire simple, touchante et vraie, remplie de pieuses aspirations, de saintes austérités, de traits d'abnégation et de charité dont le récit émeut et entraîne jusqu'à la dernière page (1).

(1) *Vie de la sœur Natalie*, fondatrice des Sœurs de l'En-

La sœur Natalie de Jésus naquit le 2 août 1778, à Monchaux, village de la Flandre française, de parents cultivateurs qni passaient leur vie, nous dit son historien, « entre le travail et l'accomplissement de leurs devoirs de famille. »

Elle portait dans le monde le nom de Natalie-Joseph Doignies.

C'était une de ces natures simples, droites et pures comme on en rencontre heureusement encore dans les classes populaires qui ont conservé des croyances ; une de ces personnes qui, sans aucune science, sans éducation et sans études apparentes, s'élèvent parfois jusqu'à la plus haute spiritualité. Éclairées par une lumière intérieure qui souvent projette jusque sur leurs traits des rayons d'une suavité incomparable et d'un éclat tout mystérieux, elles possèdent à un haut degré, et sans avoir jamais rien appris, la connaissance du monde, le sentiment de la politesse et des convenances, l'esprit de conduite, le don de conseil et d'interprétation, la science des Écritures.

Telle était Natalie Doignies lorsque amenée à Lille, à la suite de diverses circonstances, elle fit la rencontre de l'homme qui devait diriger ses premiers pas dans les voies où l'appelait impérieusement une vocation providentielle.

fant Jésus, à Lille, par M. le comte de Melun. Lille, Lefort, 1858, 1 vol. in-8.

Cet homme était M. l'abbé Détrez, un de ces glorieux confesseurs de la foi qui, pendant la persécution révolutionnaire, prouvèrent que la séve chrétienne n'était pas tarie dans l'Église de France et que les fils des saints et des martyrs n'avaient pas dégénéré de leurs ancêtres.

Voici le portrait que l'historien de la sœur Natalie a tracé de cet homme apostolique :

« M. l'abbé Détrez fut ordonné prêtre le 20 mai 1792, à Tournai. Il n'était pas permis alors de recevoir l'ordination en France des mains d'un pasteur fidèle. La révolte et l'erreur avaient envahi toutes les chaires, et le siége de Fénelon était occupé par un apostat. La persécution sévissait avec fureur : une âme moins ferme eût hésité devant un ministère si plein de périls et se serait facilement persuadé l'inutilité d'un dévouement qui devenait un crime. M. Détrez ne pensa pas ainsi. Dieu crée des âmes privilégiées pour qui la souffrance et l'épreuve ont un attrait irrésistible, et qui recherchent les croix avec plus d'avidité que les autres hommes ne courent après les plaisirs et le repos. Celui qui devait être un jour le conseiller, le directeur de Natalie, ne pouvait être animé d'un autre esprit. Cet attrait avait engagé le jeune Détrez, pendant son séjour au séminaire, où il se distinguait entre tous par sa sagesse et sa science, à se consacrer aux missions étrangères. En 1792, dans sa patrie, il n'y avait pas moins de bien à faire, pas moins de périls à courir que dans la Chine ou le Japon. Sa décision fut prompte : le motif généreux qui l'excitait à quitter la France lui inspira la résolution de s'y fixer. »

La sœur Natalie était faite pour un tel maître. Elle se livra sans réserve à ses conseils et à sa direction. Il n'en usa jamais qu'en vue de l'avancement spirituel de la sœur et que pour le bien des œuvres qu'elle avait entreprises. Toutefois, comme sa profonde sagacité lui avait fait deviner chez l'humble ouvrière de Monchaux, sous une grande pureté d'intention, un caractère ardent, une imagination vive, et comme il craignait que le mauvais esprit, toujours prêt à entraver les desseins de Dieu, ne profitât de ces dispositions naturelles pour la détourner de sa voie, M. l'abbé Détrez montra parfois dans ses rapports avec la sœur Natalie une rigueur qui put sembler excessive et une dureté extérieure qui ne fut en réalité qu'une inspiration de charité et de chrétienne sagesse.

M. le comte de Melun cite divers traits de cette rudesse apparente de l'abbé Détrez.

« Un jour, dit-il, la sœur Natalie avait un besoin extrême de s'entretenir avec son directeur, et, n'ayant pu trouver un autre moment libre, elle se rendit à Loos vers le soir. M. Détrez la reçoit très-mal, lui demande comment elle ose se présenter si tard chez lui, et la prévient qu'il n'a pas le temps de l'écouter. Natalie lui représente très-respectueusement qu'elle a été retenue toute la journée et qu'il lui serait impossible de retourner seule et à pied jusqu'à Lille, à dix heures du soir. « Eh bien, cherchez un abri où vous voudrez, je ne peux, certes, vous loger chez moi, » répond le sévère directeur. Natalie n'ajoute pas un mot, demande à genoux sa bénédiction, et le quitte en se reconnaissant digne d'un pareil accueil. C'était en plein hiver, il faisait un temps affreux. Elle se réfugie près de la porte de l'église de Loos. Là, si la porte de son Bien-Aimé est aussi fermée, il entendra du moins les gémissements de son cœur, et rien ne mettra obstacle au plus doux des entretiens. Elle passe ainsi la nuit en prière; et le matin, accablée de lassitude, transie de froid, couverte de neige, elle s'assied sur une pierre sans cesser de converser avec le ciel. Enfin, le jour arrive, l'église est ouverte, c'est pour elle un moment de bonheur, elle secoue la neige de ses vêtements, entre dans le saint lieu, et après y avoir entendu la messe, elle se dirige vers la maison de M. Détrez, trouvant qu'elle a parfaitement employé son temps, et prête, si elle n'est pas reçue, à retourner à Lille.

« L'état où elle se trouvait effraya la personne qui lui ouvrit la porte, et comme elle refusait de s'approcher du feu, on fut obligé de lui dire qu'il ne serait pas convenable de se présenter ainsi. Un peu remise, elle pénétra en tremblant dans le cabinet de M. Détrez, qui lui dit en la voyant : « D'où venez-vous ? où avez-vous passé la nuit ? — Mon cher père, répondit-elle, vous m'avez ordonné de me retirer d'ici ; j'ai été tenir compagnie à mon Époux dans sa solitude, et comme il était tard, je n'ai pas osé retourner à Lille. » M. Détrez ne lui ayant pas fait signe de s'asseoir, elle resta debout malgré sa fatigue. Il lui fit donner alors quelque nourriture, et comme elle demandait si elle pourrait revenir le trouver, ou si elle devait retourner immédiatement à Lille : « Vous pourrez revenir si j'ai le temps, reprit-il, en tout cas je vous ferai appeler. » Natalie attendit encore au moins trois heures, qui ne lui semblèrent pas longues, car elle les passa dans ses pieux exercices. Enfin l'abbé la fit chercher, elle accourut pleine de reconnaissance de ce qu'il daignait la recevoir. Quelle leçon pour l'impatience naturelle à celui qui attend ! Pour alléguer et rendre méritoires ces heures si lourdes et au moins inutiles, au lieu de songer à l'ennui qui nous pèse, il faudrait, avec Natalie, penser à Celui qui a attendu sans murmurer les outrages et la mort. Natalie eut avec M. l'abbé Détrez un très-long entretien ; elle le quitta en obtenant la permission d'y retourner quelques jours après. »

De tels procédés, dont le monde ne voyait que la surface, et qu'il jugeait sévèrement, perfectionnaient l'âme d'élite de la sœur Natalie et la rendaient digne de la destinée que lui réservait la Providence.

Nous ne saurions suivre M. le comte de Melun dans tous les détails de sa pieuse et touchante histoire. Il y raconte les humbles commencements de la congrégation des Filles de l'Enfant Jésus, la profession de la sœur Natalie, l'esprit et les règles de son ordre, les progrès de l'institut, la mort de l'abbé Détrez, les difficultés sans nombre contre lesquelles l'humble fondatrice eut à lutter pour maintenir son œuvre, sa résignation dans les humiliations, dans les souffrances morales et physiques qui assaillirent les derniers jours de la bonne sœur et courbèrent sans la briser cette nature vaillante et chrétienne.

LE R. P. HERMANN.

Né à Hambourg en 1821, de parents israélites qui existent encore, Hermann Cohen fut lancé de bonne heure dans la carrière d'artiste.

Il vint à Paris en 1834, et il ne tarda pas à devenir un des élèves les plus distingués de Listz. Pendant plusieurs années, choyé par la société la plus brillante, enivré de succès, il fut lancé dans le tourbillon du monde et des plaisirs. Mais au milieu de cette existence, rêvée par beaucoup d'artistes, le cœur du jeune Hermann cherchait en vain le bonheur ; une inquiétude et un ennui indéfinissables pesaient sur sa vie. Cette situation se prolongea jusqu'au mois de mai 1847. A cette époque, des chœurs d'amateurs se réunissaient chaque soir, à l'occasion du mois de Marie, dans l'église Sainte-Valère. Un ami pria Hermann de tenir l'orgue d'accompagnement, et le jeune artiste, uniquement inspiré par l'amour de son art et par le désir de rendre service, se rendit à Sainte-Valère. Dès le premier jour son cœur fut ému. « Quand
« vint le moment de la bénédiction, a-t-il lui-
« même souvent raconté depuis cette époque,
« bien que je ne fusse nullement disposé à me
« prosterner, comme le reste de l'assemblée, je
« ressentis intérieurement un trouble indéfinissa-
« ble ; mon âme étourdie et distraite par les
« agitations du monde, se retrouva, pour ainsi
« dire, et fut comme avertie qu'il se passait en elle
« une chose tout à fait inconnue auparavant. Je
« fus sans m'en douter, ou plutôt sans participa-
« tion de ma volonté, entraîné à me courber.

« Étant revenu le vendredi suivant, je fus impres-
« sionné absolument de la même manière, et je fus
« frappé de l'idée subite de me faire catholique.

« Peu de jours après, je passa iun matin près de
« la même église de Sainte-Valère ; la cloche an-
« nonçait une messe ; j'entrai dans le sanctuaire
« et j'assistai au sacrifice, immobile et assez at-
« tentif; j'entendis une, deux et trois messes sans
« songer à me retirer ; je ne pouvais comprendre
« ce qui me retenait. Après être rentré chez moi,
« je fus involontairement, vers le soir, ramené vers
« le même lieu, et la cloche m'y fit entrer de nou-
« veau ; le Saint-Sacrement, était exposé, et dès
« que je le vis, je fus entraîné vers la balustrade
« de communion, et je tombai à genoux. Je m'in-
« clinai cette fois sans efforts au moment de la
« bénédiction, et en me relevant je sentis un apai-
« sement très-doux dans tout mon être. Je m'en
« retournai dans ma chambre et je me couchai ;
« mais durant la nuit entière, je n'eus en rêve ou
« en réalité l'esprit occupé que du Saint-Sacre-
« ment. Je brûlais d'impatience d'assister à de
« nouvelles messes, et dès la même époque, j'en
« entendis plusieurs à Sainte-Valère avec une joie
« qui absorbait toutes mes facultés.

« Dès lors, pressé par la grâce dont les premiers
« effets m'avaient touché si inopinément, et sur
« l'indication qui me fut donnée, j'allai trouver

« Mme la duchesse de Rauzan et je la priai de
« m'adresser à un prêtre; elle m'indiqua l'abbé
« Legrand...»

Mais c'est à Ems, en Allemagne, que la vérité dont il n'avait fait qu'entrevoir les lueurs finit par lui apparaître dans son radieux éclat.

« Là, continue-t-il, les cérémonies captivèrent
« mon attention... Les prières du saint sacrifice,
« la présence invisible d'une puissance surhumaine
« commencèrent à m'agiter, à me troubler, à me
« faire trembler... Au moment de l'élévation,
« tout à coup je sens éclater à travers ma paupière
« un déluge de larmes... et tandis que j'en étais
« inondé, je sentis surgir de ma poitrine, lacérée
« par ma conscience, les remords les plus déchi-
« rants, sur toute ma vie passée... En sortant de
« l'église d'Ems, j'étais chrétien. »

Hermann fut baptisé le 28 août 1847, jour de la fête de saint Augustin, dont il devait prendre le nom en revêtant l'habit religieux. Il s'était préparé par des études sérieuses et une longue retraite à recevoir le saint baptême. Madame la duchesse de Rauzan voulut lui servir de marraine, et l'abbé Legrand, qui avait eu le bonheur de jeter les premières semences de la vérité dans l'âme du jeune néophyte, couronna son œuvre en versant sur son front l'eau régénératrice.

Dix jours après, le 8 septembre, le nouveau

chrétien s'approchait pour la première fois du banquet sacré et recevait dans les transports d'une joie sans bornes la nourriture mystique, objet de ses désirs les plus ardents. Que se passa-t-il dans ce cœur au moment où Jésus-Christ vint en prendre possession? Les assistants furent frappés d'un merveilleux éclat, d'une expression surnaturelle que revêtirent tout à coup les traits du jeune communiant ; mais Hermann a toujours refusé de dire quels furent alors les ravissements et les ineffables voluptés de son âme.

Dès ce moment, le nouveau chrétien prit la résolution de se consacrer à Dieu dans le sacerdoce, mais sa vocation religieuse se déclara seulement en 1849. Pendant une retraite qu'il fit, depuis le jour de l'Ascension jusqu'à celui de la Pentecôte, un désir irrésistible l'entraîna vers l'Ordre des Carmes-Déchaussés. Ces religieux, fils des premiers solitaires du mont Carmel, que d'antiques souvenirs rattachent aux disciples du prophète Élie, prirent naissance sur le sol même où se sont accomplis les plus glorieux mystères de notre foi. Selon quelques traditions conservées en Palestine, Notre-Seigneur aurait souvent été, dans son enfance, visiter les pieux ancêtres des Carmes, qui eux-mêmes auraient habité, dès le premier siècle, à Bethléem, la maison où naquit la Vierge Marie. On voit quels motifs devaient attirer vers eux le converti de Sainte-Valère. Après avoir aplani plusieurs difficultés et surmonté, avec cette persévérance invincible qui est le signe des fortes vocations, tous les obstacles que Dieu, dans ses desseins impénétrables, élève ici-bas jusque sur le chemin des saintes œuvres, l'ardent néophyte put enfin dire au monde un éternel adieu et échanger le nom d'*Hermann* pour celui de *frère Augustin-Marie du Saint-Sacrement*. Il prononça ses vœux le 7 octobre 1850 dans le couvent d'Agen, où, quelques mois après, il reçut l'ordination solennelle de la prêtrise.

Depuis cette époque, le R. P. Augustin s'est souvent livré à la prédication, et, chaque fois qu'il est monté en chaire, il y a obtenu des succès comparables à ceux des prédicateurs de premier ordre. On se demande quel est son secret pour émouvoir ainsi les auditoires les plus difficiles ; car l'humble religieux semble ignorer les plus simples règles de l'art oratoire. Il raconte l'histoire de son âme, sans ordre et sans méthode ; il laisse parler son cœur, rien de plus, et il mêle à son récit d'émouvantes aspirations vers le sacré mystère, qui est l'objet spécial de sa dévotion : LA SAINTE EUCHARISTIE. « J'ai cherché longtemps le bonheur, dit-il, je l'ai cherché partout... je l'ai trouvé enfin, et je viens vous l'annoncer pour que vous puissiez le trouver à votre tour. Je l'ai trouvé en Dieu. » Et alors il exprime l'étonnement qu'il éprouve lui-même de voir que c'est lui, lui, « un pauvre juif d'hier, » qui presse à cette heure les chrétiens de revenir à Dieu. « Oh ! Jésus adoré, s'écrie-t-il dans un élan d'amour, que les jours et les nuits s'écoulent délicieusement dans les célestes conversations de votre présence adorable, entre les souvenirs de la communion d'aujourd'hui et les espérances de la communion de demain... dans l'union amoureuse d'un Dieu avec la plus pauvre de ses créatures ! J'embrasse avec transport les murs de ma cellule chérie, où rien ne me distrait de mon unique pensée, où je ne respire que pour aimer votre divin sacrement, où, délivré du fardeau des biens périssables, dénué de tout ce qui retient à la terre et brisant les entraves qui captivent les sens, je puis, comme la colombe, prendre mon essor et m'élever vers les régions éthérées du sanctuaire, percer les mystérieuses nuées qui enveloppent votre tabernacle, m'exposer aux rayons pénétrants de ce beau soleil de grâce, et me plonger dans cet océan de lumière, pour me consumer aux flammes de cette fournaise ardente !.......»

Telle est la parole du R. P. Augustin : sans art et sans liaison apparente, mais entraînante et spontanée. Les lettrés s'étonnent du puissant effet que produisent de semblables moyens. Cela confond leur rhétorique. Mais ceux qui connaissent l'histoire des pêcheurs de Galilée connaissent aussi le secret du P. Augustin. Ce qu'ils admirent en lui, ce n'est pas son éloquence, c'est une preuve vivante de la toute-puissance et de la miséricorde de Dieu.

LE R. P. SCHOUWALOFF.

Le Rév. Père Schouwaloff, religieux barnabite, est mort à Paris le 2 avril 1859.

Il a été enlevé par un secret dessein de la Providence au moment où son nom, illustre parmi tous ceux de l'aristocratie européenne, commençait à le devenir dans les œuvres de foi et de charité, au moment où sa parole et ses écrits allaient exercer une action féconde et salutaire pour le bien des âmes.

Par sa naissance, par ses hautes charges à la cour de Russie, par sa brillante éducation, il fut en rapports fréquents avec tout ce que la Russie, l'Italie, l'Angleterre et la France ont de plus distingué et de plus illustre.

Marié à vingt ans à une jeune fille qu'il aimait et dont l'âme cachait des trésors, nous dit-il dans un bien beau livre où il raconte humblement l'histoire de son âme (1) ; possédant tout ce qui peut ici-bas contribuer au bonheur ou à l'ornement de la vie, le comte Schouwaloff ne trouva cependant le repos que dans la religion. Aux inquiétudes de son âme qui manquait d'aliment, se joignirent bientôt d'autres douleurs. Il perdit un enfant. Un autre tomba dangereusement malade. Alors, inspirée d'une sublime pensée, sa femme offrit le sacrifice de sa vie pour sauver celle de son fils. Cette prière longtemps renouvelée fut exaucée. L'enfant condamné par toutes les illustrations de la science fut rendu à la santé presque subitement. Quatre ans plus tard, sa généreuse mère qui, depuis la mort de son fils, n'avait fait que languir, remit sa vie entre les mains de Dieu.

Cette mort, qui brisait tout son bonheur, devait être pour le comte Schouwaloff la source d'un second miracle, celui de sa conversion. Rendu par la douleur à des idées plus sérieuses, il rentra dans son âme à laquelle il n'avait jamais sérieusement pensé.

Aidé des conseils et des prières du prince Galitzin et de madame Swetchine, ses compatriotes ; du père de Ravignan, avec lequel il eut une correspondance si touchante ; du P. Petétot, de

---

(1) *Ma conversion et ma vocation*, par le P. Schouwaloff, barnabite, in-8. Paris, Douniol, 1859.

l'Oratoire, qui reçut sa première confession catholique; de M%gr% d'Orléans, alors l'abbé Dupanloup; de MM. Desgenettes, Rautain, Bossuet, de Girardin et Pierre Jermatoff, etc., etc., il avança dans les voies du catholicisme, et, le 6 janvier 1843, il fit son abjuration dans la chapelle du couvent des Oiseaux.

Bientôt *Dieu parla plus haut à son cœur;* mais ce ne fut que seize ans après sa conversion qu'il répondit à cette voix en se faisant religieux. — Le jour de sa profession à Mauza, et à la même heure, une touchante cérémonie avait lieu à Paris, dans la petite chapelle de M%me% Swetchine. Tout ce qu'il y avait de Russes convertis s'y trouvait; le père Gagarin, son ami, adressait de pieuses paroles aux assistants, et le père Martinoff célébrait la messe. C'est encore lui qui, à son convoi, offrait le saint sacrifice pour le repos de l'âme de son illustre compatriote...

Après la messe, le P. Petétot, de l'Oratoire, est monté en chaire, et, dans une improvisation touchante, pleine d'émotions et de saintes larmes, il a redit les principaux traits de la vie de ce grand seigneur, qui a voulu devenir un humble religieux. Et en terminant il a révélé un acte de dévouement du R. P. Schouwaloff, acte sublime qui est l'honneur de sa vie et qui renferme peut-être le secret de sa mort.

Au moment de venir en France pour le rétablissement de son ordre, et prenant congé du Saint-Père, S. S. Pie IX lui dit : « Allez, vous êtes un homme de désir, *vir desideriorum ;* nous savons vos vœux : pour que Dieu les accomplisse, offrez trois fois le jour le sacrifice de votre vie pour le retour de la Russie à l'unité. »

Depuis ce moment, le R. P. Schouwaloff n'a pas manqué une seule fois de s'offrir en holocauste à Dieu pour le salut de la patrie : il est mort deux années, jour pour jour, après celui où il a accompli cette religieuse promesse entre les mains du vicaire de Jésus-Christ. N'est-ce pas le signe que son sacrifice a été agréé par Celui *qui récompense toujours,* — comme le dit le P. Schouwaloff, en terminant le récit de sa conversion, *le sacrifice par le bonheur!*

VII

MÉLANGES

LA SUITE D'UNE BONNE ACTION.

J'étais un soir chez le docteur Récamier, de chère et immortelle mémoire, raconte M. H. Ferrand. La réunion était nombreuse. Dans un coin du salon, sept ou huit personnes formant une petite société à part paraissaient prendre un vif intérêt à la conversation d'un interlocuteur à cheveux blancs et de manières distinguées que j'appris être un ancien officier supérieur de l'empire. Au moment où je vins prendre rang parmi ses auditeurs, il commençait le récit suivant :

« C'était en 1806; j'exerçais un commandement militaire dans une ville de la haute Italie. Un jour, en débouchant dans la rue principale de la cité, je me trouvai en face d'un rassemblement nombreux du milieu duquel partaient les cris aigus d'une voix enfantine; je m'approchai. A la vue de mes épaulettes, le groupe s'ouvrit, et j'aperçus un petit garçon de onze à douze ans, se débattant sous les efforts que faisaient pour l'entraîner deux hommes, dont l'un portait le costume de soldat de police.

« Dès que j'apparus, les regards, la voix, les mains de l'enfant se tournèrent vers moi chargés d'un si ardent appel à ma pitié, que je compris à l'instant et dans toute sa vérité l'expression de *glaive de la prière* employée, je crois, par un Père de l'Église. Le fait est que je sentis ce glaive traverser mon âme et que mon cœur s'ouvrit instantanément, et avec une compassion que je ne saurais rendre, à l'émouvante supplication qui jaillissait, au milieu de larmes abondantes, des grands yeux bleus du petit malheureux. Je demandai à être mis au courant des choses.

« L'un des deux hommes, celui dont la main serrait le plus impitoyablement le collet du patient, était un riche confiseur dont la boutique offrait à quelques pas de là les tentations les plus variées à la convoitise des petits promeneurs. Il m'apprit que le prisonnier que j'avais devant les yeux venait de lui dérober une boîte de bonbons chinois exposée sous la vitrine extérieure de sa devanture ; que, l'ayant aperçu du fond de son magasin, il s'était élancé à sa poursuite et l'avait appréhendé nanti du corps du délit, ainsi qu'il en justifiait en me montrant la boîte fatale, et enfin, qu'aidé du soldat de police accouru à son appel, il conduisait le coupable au dépôt de la ville pour y être mis à la disposition de la justice. Je lui fis signe, au contraire, de le reconduire à son magasin où je le suivis.

« Mon premier soin fut de congédier l'homme de police en lui glissant une petite pièce de monnaie qu'il accepta respectueusement, et après avoir fait fermer la porte de ce prétoire, *mollis ubique sapor*, où chatoyaient, sous toutes les formes et sous toutes les couleurs, les *circonstances atténuantes* du délit dont j'allais être le juge, je procédai à l'interrogatoire du prévenu.

« Le pauvre enfant m'apprit que son père, Suisse d'origine et soldat au service de France, était mort à l'hôpital depuis un an; que sa mère, atteinte d'une infirmité grave, ne quittait pas le lit et n'avait d'autres soins que ceux qu'elle recevait de sa tendresse. Je voulus entamer une morale sur ce que le vol avait de coupable toujours, et de doublement honteux quand, au lieu d'avoir un besoin pour excuse, il n'était que la satisfaction d'un autre vice, tel que la *gourmandise*.

« A ce mot, l'accusé, qui m'avait écouté jusque-là dans l'attitude d'une confusion soumise, se récria avec une fierté qui, relevant son jeune front, effaça immédiatement sur sa jolie figure l'humiliation dont elle portait l'empreinte.

« — Ce n'est point par gourmandise, monsieur, que j'ai pris ces petites oranges vertes ; je n'en aurais pas mangé une seule ! C'était pour ma mère, à qui tout donne mal au cœur; et il me semblait que ces bonbons amers lui eussent fait tant de plaisir !

« — Pourquoi, alors, repris-je en indiquant le maître du magasin, pourquoi ne pas vous être adressé à monsieur, qui se serait certainement fait un bonheur de satisfaire à votre désir, si vous le lui eussiez fait connaître honnêtement.

« — Vous avez raison, monsieur, mais je n'ai pas osé ; et puis j'ai si souvent entendu raconter à la cantine des histoires de maraude dont les auteurs se faisaient une gloire et dont le récit était une joie, que, dans le moment où j'ai enlevé cette maudite boîte, je n'ai pas vu autre chose, je vous assure, qu'un de ces tours qui égayaient si fort mon pauvre père et ses camarades, tous bons soldats et braves gens cependant.

« Enfin, monsieur, ajouta-t-il en joignant les mains et en les élevant vers moi, je vous demande bien pardon ; mais j'ai agi sans comprendre ce que je faisais ; je connais maintenant toute la laideur de ma mauvaise action : par vos épaulettes et votre croix d'honneur, ne déshonorez pas l'enfant d'un brave soldat et ne m'ôtez pas à ma mère. La honte que j'éprouve me punit bien assez, et cette punition durera autant que ma vie. »

« Mon petit prévenu était aussi touchant que possible en me disant cela. Son émotion était si vraie, son action si sympathique, son repentir si charmant, que je fus obligé de me retenir pour le prendre dans mes bras et essuyer moi-même le ruisseau de pleurs qui sillonnaient ses joues.

« — Pouvez-vous me conduire auprès de votre mère? lui dis-je.

« — Très-volontiers, monsieur, et tout de suite..... pourvu que ce ne soit pas, ajouta-t-il en se reprenant, pour lui raconter ce qui vient de se passer. Elle en mourrait. »

« Après avoir rassuré l'enfant à cet égard, je remis en ses mains, à sa grande stupéfaction, la fatale boîte de *chinois ;* je la payai au confiseur, et nous partîmes.

« En quelques minutes nous fûmes à la porte d'une pauvre maison située elle-même dans la plus pauvre rue de la ville. Au bout d'une allée quelque peu suspecte au premier coup d'œil, et dont l'obscurité ne permettait pas d'y placer sans hésitation un pied devant l'autre, nous nous engageâmes dans un escalier en spirale dont les marches délabrées nous conduisirent, non sans peine de ma part, au palier tout vacillant d'un troisième étage. Sur ce palier donnait une porte à châssis que l'enfant ouvrit avec précaution. J'entrai à sa suite.

« Dans une alcôve, au fond du réduit, gisait sur un grabat un corps dont les formes immobiles me firent tout d'abord éprouver une impression sinistre. Cependant le cadavre parut s'animer; sa tête fit un léger mouvement.

« — D'où peux-tu donc revenir, mon enfant? dit une voix sans force, mais d'un timbre plein de douceur. Voici trois heures au moins que tu m'as quittée. Cela n'est pas sage.... »

« L'enfant ne répondit pas, mais s'approcha délicatement du lit et baisa la pauvre malade sur le front.

« — Je vous raconterai cela une autre fois, mère; en attendant, voici de ces bonbons que vous désirez tant; voyez-vous! de ces petites oranges vertes confites, comme cela va vous faire du bien!

« — Mais, cher petit, répondit la mère tout ébahie, d'où a pu te venir cette friandise?

« — C'est monsieur qui a voulu vous les apporter lui-même, dit l'enfant, en me désignant de la main.

« La malade, soulevant plus complétement sa tête, m'aperçut alors pour la première fois.

« — Ah! monsieur, quel courage et quelle charité il vous a fallu pour arriver jusqu'ici! Comment dois-je m'expliquer l'honneur de votre visite?

« — Je ne pouvais apprendre, lui dis-je, que la veuve d'un soldat était ici souffrante et pauvre, que mon cœur et mon devoir ne me conduisissent auprès d'elle ; heureux s'il m'est possible de lui venir en aide. »

« La malheureuse m'apprit alors que son mari, originaire du canton de Lucerne et sous-officier dans un régiment français, était mort, il y avait un an, à l'hôpital de la ville, d'une fièvre pernicieuse contractée dans les marais de Mantoue. C'était un fier soldat, me disait-elle, et doux et bon comme ce cher enfant, à qui il n'a laissé pour fortune que sa chère figure et son cœur, car c'est lui tout entier !.... Il ne pouvait se consoler d'être revenu de tant de glorieux combats pour finir sous un accès de fièvre dans les rangs d'un hôpital civil ; si au moins c'eût été une ambulance ! Il calculait surtout avec amertume que cette mort ne me donnait droit à aucune pension de survivance, et la pensée de la misère dans laquelle il nous laissait eût rendu ses derniers moments bien cruels, s'ils n'eussent été adoucis par son extrême confiance en Dieu.... *Je viens de faire mon testament en faveur du bon Dieu*, me dit-il en me serrant la main, quelques minutes avant d'imprimer son dernier baiser sur le crucifix : *Je vous donne tous les deux à Lui ! Il ne refusera pas mon legs !*

« En terminant ces mots, la pauvre veuve fut

prise d'un accès de larmes, et il se fit un grand moment de silence entre elle et moi. L'enfant serrait dans les siennes et couvrait de caresses la main décharnée de sa mère. Son regard allait de cette dernière à un petit crucifix placé dans l'alcôve au-dessus du chevet de la malade, entre deux épaulettes de grenadier. C'était tout l'héritage du soldat; je le saluai avec respect.

« Je ne quittai pas l'humble chambre sans y laisser quelques consolations; j'y laissai surtout le plus doux des hôtes : l'espérance. Des informations que je parvins à recueillir sur la mère et le fils leur méritèrent de plus en plus mon intérêt, et je fus assez heureux pour leur concilier celui de quelques personnes riches et charitables. Le curé de la paroisse, digne et bon vieillard, à qui je les recommandai, trouva immédiatement un emploi à l'enfant. Je quittai la ville deux mois après, laissant le pauvre ménage dans une aisance relative qui ne me permettait plus d'inquiétude sur son sort.

« Trente et un ans plus tard, en 1837, des affaires me conduisirent dans la même ville. Je la trouvai transformée et considérablement embellie. Mais dans les progrès auxquels elle devait son état actuel, je reconnus avec un légitime orgueil l'action évidente de l'élément français qu'y avait laissé notre occupation.

« J'étais un jour à prendre un sorbet sous l'élégant portique d'un café qui s'ouvrait sur le *Corso*, promenade la plus fréquentée de la ville, quand vinrent à défiler devant moi les rangs joyeux d'un bataillon d'enfants grossièrement, mais uniformément et surtout très-proprement vêtus. Ils me paraissaient avoir de huit à seize ans pour âge extrême dans les deux limites.

« Quelques-uns cependant, par leur taille et l'autorité qu'ils exerçaient sur leurs compagnons, accusaient un âge un peu plus avancé. J'étais en compagnie de l'un des hommes importants de l'endroit, avec lequel mes affaires m'avaient mis en rapport.

« — Vous voyez passer là, me dit-il, la petite colonie de l'abbé D.... et sur ma demande il entra dans les explications suivantes : « L'institution de l'abbé D... a pour but de recevoir les enfants qui, prévenus d'un fait qualifié délit par la loi, sont reconnus avoir agi sans discernement. Cette institution n'est point un pénitencier. Le bon abbé a disposé les choses de manière à ce que le temps passé par l'enfant dans la famille dont il s'est fait le père devînt pour lui une recommandation et ne laissât son passé entaché d'aucune flétrissure ou prévention fâcheuse. Il en sort des jardiniers, d'excellents ouvriers en divers genres, voire même des maîtres d'école. Tous, une fois éparpillés hors de la ruche, n'en continuent pas moins à se considérer comme frères, et regardent la maison de leur bienfaiteur comme leur foyer paternel.

« Cette belle et touchante création a déjà peuplé le pays d'excellents sujets. L'abbé D.... est un saint homme qui, après avoir fait, en Allemagne, l'éducation d'un fils de famille appartenant à une maison princière, et avoir amassé une petite fortune, l'a consacrée tout entière à l'œuvre admirable dont je vous entretiens. Sa foi a renouvelé le miracle de la multiplication des pains, et les quelques milliers de francs avec lesquels il a commencé son œuvre et qui, dans l'ordre ordinaire des choses, eussent à peine suffi à lui assurer une aisance personnelle médiocre, se sont multipliés indéfiniment sous l'action de sa charité, pour acheter, édifier, créer et pourvoir à tous les besoins d'un établissement qui ne compte pas moins, en moyenne, de soixante à quatre-vingts pensionnaires.

« Au reste, ajouta mon interlocuteur, la soirée est peu avancée encore, c'est un but de promenade que je vous propose, bien persuadé de la satisfaction qui en sera le résultat pour vous. »

« Quelques minutes après, nous nous acheminions, par une route bien tenue et ombragée de grands ormes, vers la colonie du bon abbé, située à un quart d'heure des murs de la ville.

« Nous entrâmes dans une cour spacieuse, véritable cour de grande ferme, peuplée de poules, d'oies, de canards, et qu'animait surtout le va-et-vient de jeunes ouvriers tendant chacun dans sa sphère d'activité à une occupation utile.

> . . Par omnibus ardor,
> Officium colere.

« D'un côté s'ouvraient des écuries, de l'autre des bâtiments d'où partaient des grincements de limes et le bruit cadencé des marteaux frappant sur des enclumes. Autour de moi tout était vie, animation et ordre. Derrière les écuries s'étendait un vaste clos planté de mûriers, et à l'extrémité duquel s'élevait un bâtiment servant de magnanerie.

« Ce fut dans ce clos que, guidés par un de ses élèves, nous allâmes chercher l'abbé D... Il causait avec deux enfants occupés à sarcler gaiement une magnifique planche de légumes. Dès qu'il nous aperçut, il vint à nous. C'était un homme entre quarante et cinquante ans, de petite taille, mais d'une figure singulièrement avenante et remarquable par la virilité autant que par la douceur de l'expression.

« Il nous accueillit avec un empressement plein de naturel et nous fit tout visiter avec la modestie d'un saint et l'amour d'un père. Il semblait qu'à la présence et à la parole du digne prêtre fût attachée une vertu secrète dont l'action pénétrait mon cœur, comme la brise du soir qui inclinait les herbes autour de nous pénétrait mes sens de ses douces senteurs.

« La nuit s'avançait : j'allais prendre congé de l'abbé, et je venais de lui exprimer avec effusion les sentiments que je remportais de ma visite, lorsqu'au moment d'échanger un dernier serrement de main :

« — Oserais-je vous demander, monsieur, me dit-il, si c'est la première fois que vous vous trouvez dans notre ville ?

« — La seconde fois, monsieur l'abbé, répondis-je. Mon premier séjour dans vos murs a trente et un ans de date. En 1806, je commandais la troupe française qui y tenait garnison...

« — En 1806 ! s'écria l'abbé, — et ses traits, comme illuminés par une révélation subite, témoignèrent d'une émotion si vive qu'il me sembla près de défaillir.

« — O merveille de la bonté de Dieu ! continua-t-il, merveille de la bonté de Dieu, qui vous a conduit ici comme à votre récompense ! Cette œuvre que vous venez de visiter, et qui vous a fait bénir la Providence, cette œuvre, monsieur, est la vôtre. Vous l'avez fondée il y a trente et un ans, le jour où vous arrachâtes à l'ignominie d'une condamnation judiciaire le petit voleur de bonbons chinois qui, par l'effet de votre charité, est devenu à son tour un instrument de miséricorde, et dont la loi humaine, en le frappant, quoique légèrement, eût fait peut-être un ennemi de la société, ou tout au moins un malheureux inutile et flétri !

« — Quoi ! monsieur l'abbé, m'écriai-je à mon tour, il se pourrait !

« — Oui, monsieur, interrompit-il en me prenant respectueusement la main et la portant à ses lèvres, tandis que je l'attirais moi-même dans mes bras ; oui, monsieur, celui que vous jugez digne aujourd'hui de presser sur ce signe de l'honneur qui brille ici comme un rayonnement de votre cœur (et il désignait ma décoration), celui-là même fut ce petit garçon que votre pitié sauva des mains de la police au moment où il venait de soustraire une boîte de bonbons sans avoir le juste sentiment de sa honteuse action.

« Depuis cet instant fatal et heureux, ma vie entière a été consacrée à une seule pensée : rendre à d'autres ce que vous aviez fait pour moi. Votre bonne œuvre a été la *mine d'argent* que vous m'avez laissée à votre départ comme le grand seigneur de l'Évangile. Je l'ai fait valoir de mon mieux, et ma joie est grande aujourd'hui de pouvoir vous en rendre bon compte et vous montrer, comme l'intendant dont parle le divin livre, que *j'ai été fidèle en ce que vous m'aviez confié.* Un grand mot sorti des lèvres du roi-prophète, qui l'adressait à son fils, fut le dernier adieu que vous me laissâtes en quittant ce pays, il y a trente et un ans : *Sois homme*, me dites-vous : j'ai cherché à le devenir, et grâce à vous, monsieur, ces enfants dont le divin Pasteur m'a confié la garde le deviendront à leur tour.

« Je passai huit jours encore dans cette ville et je revis l'abbé aussi souvent que cela me fut possible.

« Sa charité était un foyer auprès duquel, comme les disciples d'Emmaüs, je sentais *mon cœur tout ardent*. Il ne pouvait consentir à parler de lui ; et ce ne fut qu'à grand'peine que j'obtins l'histoire de sa vie depuis notre séparation, car cette vie n'était qu'une suite de saintes œuvres et de vertus en actions.

« — Le paradis, aimait-il à répéter avec saint Vincent de Paul, est le lieu du parfait accomplissement de la loi de Dieu. Accomplir, autant que possible, cette loi sur la terre, c'est se faire dans ce monde un paradis anticipé.

« Et il en avait fait un de sa petite colonie.

« Je le quittai enfin le cœur plein d'ineffables souvenirs et bénissant Dieu qui, après avoir fait un arbre du grain de sénevé tombé de ma main, m'avait donné de voir les oiseaux du ciel se reposer à son ombre. »

Quand ce récit fut terminé, le docteur Récamier, qui en avait été l'un des auditeurs les plus attentifs, s'approcha du narrateur, et, avec cet imprévu de saillie, caractère particulier de son génie : « Colonel, dit-il, après la touchante histoire que nous venons d'entendre, que vous semble des deux volumes du *Cosmos*, où l'univers, qui en est l'objet, l'univers, entendez-vous bien, n'a pu fournir à l'auteur d'y placer une seule fois le nom de Dieu? »

DUPUYTREN ET LE CURÉ DE CAMPAGNE.

Dupuytren, ce père de la chirurgie moderne, travaillait constamment. Été comme hiver, il était levé à cinq heures; à sept heures il était à l'Hôtel-Dieu, d'où il sortait à onze heures. Il faisait alors ses visites et rentrait chez lui pour recevoir les malades en consultation. Bien qu'il les expédiât avec une célérité presque brutale, ils étaient si nombreux que souvent la consultation durait longtemps après la nuit venue.

Un jour qu'elle s'était prolongée encore plus tard que de coutume, Dupuytren, épuisé de fatigue, allait prendre quelque repos, lorsqu'un dernier visiteur en retard se présenta à la porte de son cabinet. C'était un vieillard de très-petite taille, dont il eût été difficile de deviner l'âge; sa figure pleine et rosée, sur laquelle, bien évidemment, le rasoir n'avait jamais eu besoin de passer, avait quelque chose de potelé et de mignon. Sous un réseau serré de rides nombreuses, mais légèrement incisées, il avait une petite bouche, un petit nez aquilin finement dessiné; ses pieds et ses mains étaient, comme tout le reste, de la miniature. Dans ses yeux bleus, dans sa physionomie, dans ses gestes, dans tout son petit être, il y avait une timidité, une douceur, une bonté exquise. Il est des physionomies heureuses sur lesquelles le regard se repose avec satisfaction. En considérant le visage calme et paisible du petit vieillard, on se serait presque senti meilleur; on était invinciblement attiré vers lui; on éprouvait le besoin de l'aimer.

Il tenait dans sa main droite une canne à corbin, et son petit corps était couvert d'un costume rigoureusement noir. En saluant, il mit à nu une énorme tonsure. C'était un prêtre.

Le regard de Dupuytren s'attachait sur lui, morne et glacé.

« — Qu'avez-vous ? lui dit-il durement.

« — Monsieur le docteur, répondit doucement le prêtre, je vous demanderai la permission de m'asseoir; mes pauvres jambes sont déjà un peu vieilles. Il y a deux ans, il m'est venu une grosseur au cou. L'officier de santé de mon village, je suis curé de ***, près Nemours, m'a dit d'abord que ce n'était pas grand'chose ; mais le mal a augmenté, et au bout de cinq mois l'abcès s'est ouvert tout seul. J'ai gardé le lit longtemps sans que cela allât mieux; et puis j'étais forcé de me lever, parce que je suis seul pour desservir quatre villages, et...

« — Montrez-moi votre cou.

« — Ce n'est pas, continua le vieillard en obéissant, ce n'est pas que des braves gens ne m'aient offert de se réunir tous les dimanches à *** pour entendre la messe ; mais ils ont beaucoup de mal pendant la saison, et ils n'ont que ce jour-là pour se reposer. Je me suis dit : Il n'est pas juste que tout le monde se dérange pour moi... Et puis, vous savez, il y a les premières communions, le catéchisme... Monseigneur voulait attendre encore pour m'envoyer un confrère qui m'aidât. Alors mes paroissiens m'ont dit de venir à Paris pour consulter. J'ai été quelque temps à me décider, parce que les voyages coûtent beaucoup d'argent et que j'ai bien des pauvres gens dans ma commune ; mais il a fallu faire ce qu'ils ont voulu. J'ai pris la voiture... Voilà mon mal, monsieur le docteur, » dit-il en tendant son cou.

Dupuytren l'examina longtemps. Le cou du

malade présentait un trou de près d'un pouce de diamètre et très-profond. C'était un abcès de la glande sous-maxillaire, compliqué d'un anévrisme de l'artère carotide. La plaie était gangrenée en plusieurs endroits. Le cas était si grave que Dupuytren s'étonna que le malade pût se tenir debout devant lui.

Il écarta largement les lèvres de la plaie et en scruta les environs par une pression douloureuse à faire évanouir. Le patient ne tressaillit même pas. Quand son examen fut terminé, Dupuytren lui retourna brusquement la tête, qu'il tenait entre ses deux mains, et, le regardant fixement, lui dit dans la figure, avec un sinistre éclat de voix :

« Eh bien, monsieur l'abbé, avec cela il faut mourir !... »

L'abbé prit ses linges et enveloppa son cou sans mot dire. Dupuytren avait toujours les yeux fixés sur lui. Quand il eut achevé son pansement, le prêtre tira de sa poche une pièce de 5 francs, enveloppée dans du papier, et la déposa sur la cheminée :

« Je ne suis pas riche et mes pauvres sont bien pauvres, monsieur le docteur, dit-il avec un charmant sourire. Pardonnez-moi si je ne puis payer plus cher une consultation du docteur Dupuytren... Je suis heureux d'être venu vous trouver, au moins je serai préparé à ce qui m'attend. Peut-être auriez-vous pu, ajouta-t-il avec une extrême douceur, m'annoncer cette grande nouvelle avec un peu plus de précaution : j'ai soixante-cinq ans, et à mon âge on tient quelquefois beaucoup à la vie. Mais je ne vous en veux pas; vous ne m'avez pas surpris; j'attendais depuis longtemps ce moment-là. Adieu, monsieur le docteur, je vais mourir à mon presbytère. »

Et il sortit.

Dupuytren resta pensif. Cette âme de fer, ce génie puissant s'était brisé comme un verre fragile contre quelques simples paroles d'un pauvre vieillard qu'il avait tenu malade et chétif en ses larges mains. Dans ce corps faible et souffreteux, il avait rencontré un cœur plus ferme que le sien, une volonté plus énergique que la sienne : il avait trouvé plus fort que lui.

Il s'élança tout à coup sur l'escalier. Peut-être ne voulait-il pas encore s'avouer vaincu. Le petit prêtre descendait lentement les marches en s'épaulant de la rampe.

« Monsieur l'abbé, cria le célèbre chirurgien, voulez-vous remonter ? »

L'abbé remonta.

« Il y a peut-être un moyen de vous sauver, si vous voulez que je vous opère.

— Eh ! mon Dieu ! monsieur le docteur, dit

l'abbé en se débarrassant avec quelque vivacité de sa canne et de son chapeau; mais je ne suis venu à Paris que pour cela ! Opérez tant que vous voudrez.

— Mais peut-être ferons-nous une tentative inutile. Ce sera long et douloureux.

— Opérez, opérez, monsieur le docteur ! J'endurerai tout ce qu'il faudra. Mes pauvres paroissiens seraient si contents !...

— Eh bien ! vous allez vous rendre à l'Hôtel-Dieu, salle Sainte-Agnès. Vous serez là parfaitement, et les sœurs ne vous laisseront manquer de rien. Vous vous reposerez bien ce soir et demain, et après-demain matin...

— C'est dit, monsieur le docteur ; je vous remercie. »

Dupuytren traça quelques mots sur un papier qu'il remit au prêtre. Celui-ci se rendit à l'hospice, où la communauté presque tout entière vint l'installer dans une petite couchette garnie de draps bien blancs. Chaque sœur le comblait d'oreillers, de sirops. Le prêtre ne savait comment les remercier.

Le surlendemain, les cinq ou six cents élèves qui suivaient chaque jour les leçons du maître étaient à peine assemblés que Dupuytren arriva. Il se dirigea près du lit du prêtre, suivi de cet imposant cortége, et l'opération commença. Elle dura vingt-cinq minutes. L'abbé ne fronça pas le sourcil; seulement, quand les poitrines qui l'entouraient se dégagèrent toutes ensemble, haletantes d'attention et de crainte, et que Dupuytren lui dit : « C'est fini, » l'abbé était un peu pâle.

Dupuytren le pansa lui-même.

« Je crois que tout ira bien, ajouta-t-il amicalement. Avez-vous beaucoup souffert?

— J'ai tâché de penser à autre chose, » répondit-il.

Et il s'assoupit.

Dupuytren l'examina un instant dans un profond silence ; puis il fit glisser les rideaux blancs de la couchette sur les tringles de fer, et la visite continua. Le prêtre était sauvé.

Chaque matin, quand Dupuytren arrivait, par une étrange infraction à ses habitudes, il passait les premiers lits et se rendait auprès de son malade favori. Plus tard, lorsque celui-ci commença à se lever et à pouvoir faire quelques pas, Dupuytren, la clinique achevée, allait à lui, prenait son bras sous le sien, et, harmonisant son pas avec celui de son convalescent, faisait avec lui un tour de salle.

Pour qui connaissait l'insouciante dureté avec laquelle Dupuytren traitait habituellement ses malades, ce changement de conduite était inexplicable.

Lorsque l'abbé fut en état de supporter le voyage, il prit congé des sœurs et du docteur, et alla retrouver ses paroissiens.

Quelques mois après, Dupuytren, en arrivant à l'Hôtel-Dieu, vit s'avancer vers lui l'abbé, qui l'attendait dans la salle Sainte-Agnès. L'abbé portait toujours son petit costume noir, mais il était plein de poussière, et ses souliers à boucles étaient tout blancs : on eût dit qu'il venait de faire un long chemin à pied. Il avait au bras un panier d'osier, bien attaché avec des ficelles, et d'où s'échappaient des brins de paille.

Dupuytren lui fit le meilleur accueil, et, après s'être assuré que l'opération n'avait eu aucune suite fâcheuse, il lui demanda ce qu'il venait faire à Paris.

« Monsieur le docteur, répondit le prêtre, c'est aujourd'hui l'anniversaire du jour où vous m'avez opéré ; je n'ai pas pu laisser passer le 6 mai sans venir vous voir, et j'ai eu l'idée de vous apporter un petit cadeau. J'ai mis dans mon panier deux beaux poulets de mon poulailler, et des poires de mon jardin, comme vous n'en mangez guère à Paris. Il faut que vous me promettiez, mais là, bien sûr, de goûter un peu à tout cela ! »

Dupuytren lui serra affectueusement la main, et voulut engager le bon vieillard à dîner avec lui ;

mais celui-ci refusa bien qu'avec peine. Ses instants étaient comptés, et il lui fallait retourner aussitôt à....

Deux années encore, au 6 mai, Dupuytren vit arriver le petit prêtre avec son inévitable panier et les inévitables poulets. Le docteur recevait ces visites avec une sorte d'émotion.

Ce fut alors que Dupuytren ressentit les premières atteintes de la maladie devant laquelle sa science devait céder. Il partit pour l'Italie, mais sans espoir d'être sauvé par ce voyage. Lorsqu'il revint en France, au mois de mars 1834, son état semblait s'être amélioré ; mais il se voyait mourir; il avait compté ses instants...

Tout à coup il appelle M..., son fils adoptif, qui veillait dans le cabinet voisin :

« M..., lui dit-il, écrivez :

« A M.***, *curé de la paroisse de* *** *près Nemours.*

« Mon cher abbé, le docteur a besoin de vous à son tour. Venez vite ; peut-être arriverez-vous trop tard.

« Votre ami,
« DUPUYTREN. »

Le bon prêtre accourut aussitôt. Il resta longtemps enfermé avec Dupuytren. Quand il sortit de la chambre du mourant, ses yeux étaient humides et sa physionomie rayonnait d'une douce exaltation.

Le lendemain, Dupuytren appelait auprès de lui l'archevêque de Paris... C'était le 8 février 1835.

Dupuytren venait de mourir.

Le jour de l'enterrement, le petit prêtre suivit le convoi en pleurant...

MORT D'UNE SŒUR DE CHARITÉ.

Depuis une dizaine d'années il existe à Dantzig, ville dont la population est en majorité protestante, un hôpital catholique, desservi par les sœurs de la congrégation de Saint-Charles, de Nancy. Plusieurs de nos marins de la flotte de la Baltique lors de la dernière lutte avec la Russie, y ont été soignés avec une sollicitude toute maternelle. Il en est de même de tous les autres malades qui y sont admis, sans distinction de nation ou de culte. Aussi ces bonnes sœurs sont-elles entourées de l'affection et de la vénération publiques. Une circonstance douloureuse a fourni l'occasion à cette pieuse communauté d'en recueillir la preuve la plus incontestable.

Une malade pauvre, qui ne pouvait entrer à l'hôpital, fit demander une sœur. L'excellente supérieure y alla elle-même, lui donna les conseils dont elle avait besoin, et la remit au lit ; cette personne était atteinte du typhus. Cette chère sœur, revenue gaiement à l'hôpital, n'éprouvait aucun malaise, mais la nuit la fièvre la saisit ; elle avait gagné la maladie. Elle en subit, pendant près de six semaines, les phases les plus douloureuses avec une patience héroïque. Mûre pour le ciel, elle était loin de désirer la prolongation de sa carrière ici-bas, ses plus ardents souhaits étaient de se réunir à son créateur. Elle parlait constamment dans ce sens à ses compagnes éplorées et les consolait, en les entretenant, dans toute l'effusion de sa joie, de la félicité éternelle dont elle espérait jouir bientôt.

La nouvelle de cette maladie si dangereuse produisit une sensation étonnante, non-seulement dans la ville, mais encore dans les environs, à ce point que, dans deux villages protestants, voisins de Dantzig, les paroissiens demandèrent à leurs ministres de laisser, plusieurs jours de la semaine, les temples ouverts, pour pouvoir s'y rendre et conjurer en commun le Seigneur de rendre à la santé cette chère malade. Néanmoins, ces vœux si touchants de nos frères séparés de la grande famille catholique et tant d'autres supplications ferventes ne devaient pas être exaucés. Dieu rappela à lui sa divine servante.

On vit alors l'effet que peut produire, parmi les populations, l'idée seule de la sainteté. Les dépouilles mortelles de la sœur furent exposées pendant trois jours, le concours des visiteurs ne fut pas interrompu; ils arrivaient à l'hôpital par centaines, et trois gardes eurent peine à maintenir le bon ordre. On venait contempler avec douleur cette digne servante du Sauveur, revêtue de son costume religieux ; on lui baisait respectueusement les mains ; les catholiques priaient pour elle. Le glas funèbre, chacun de ces jours, sonnait le matin, à midi et le soir, pendant une demi-heure. L'autorité protestante voulut aussi lui payer le tribut de ses regrets et de sa vénération. Le chef de la police, en effet, témoigna le désir que l'enterrement fût aussi splendide que possible et prit toutes ses mesures en conséquence. Les rues avaient été, par son ordre, débarrassées de tout obstacle et tenues dans un état de propreté parfaite. On voulait même organiser une procession aux flambeaux, mais les sœurs, dépositaires des intentions de leur supérieure, insistèrent pour qu'elle n'eût pas lieu.

On dut céder à leurs désirs, mais on se dédommagea d'une autre manière, et jamais Dantzig n'offrit un spectacle plus solennel. Le troisième jour, vers le soir, on transporta le corps à l'église. De mémoire d'homme, peut-être même depuis l'établissement de la réforme, la croix n'avait paru dans les rues de la cité! on n'avait pas vu une seule fois, au dehors, le clergé revêtu de ses habits de chœur; mais, à ce moment, l'étendard de la croix était en tête du cortége, treize prêtres en surplis le suivaient. Après eux le corbillard de première classe, les sœurs, le chef de la police, les membres de la commission administrative de l'hôpital, de nombreux musiciens accompagnaient les chants de sons graves et lugubres; paraissaient, enfin, les corps de métiers précédés de leurs dix-neuf étendards. La foule était immense. Il n'y avait dans les rues ni une élévation, ni une rampe à l'extérieur, ni un échafaudage quelconque qui ne fussent remplis de spectateurs; les fenêtres des maisons en étaient garnies, il y en avait même jusque sur les toits. Pour éviter des malheurs, résultat à craindre de cet encombrement extraordinaire, il fallut placer partout des gardes, afin de contenir les masses. Catholiques, protestants, juifs, riches et pauvres, toutes les classes, tous les rangs étaient confondus.

Le clergé, qui avait tant à bénir le Seigneur de cette éclatante manifestation, tenait, de son côté, à déployer la plus grande pompe. Rien ne manquait, sous ce rapport, dans l'église. Le sanctuaire était tout tendu de noir et éclairé par une foule de transparents de diverses couleurs. Le catafalque orné de guirlandes, environné d'arbustes, paraissait tout en feu. On exécuta quelques chants, puis l'église fut fermée.

Le lendemain, à huit heures, commencèrent les matines, qui furent suivies de la messe solennelle. Le chef de police y fut un des premiers, à l'heure indiquée ; les assistants remplissaient l'église, la musique accompagna les chants, exécuta des symphonies propres à la circonstance et enfin on descendit le corps dans un caveau, à côté du maître-autel, au-dessous de la chapelle de la Croix. Il y repose en paix jusqu'au jour de la résurrection. Martyre de sa charité, cette digne sœur qui, âgée de trente-deux ans, a parcouru une longue carrière de vertus, jouit déjà, sans nul doute, de la récompense que Dieu accorde à ses saints.

LE PAPE ET L'ENFANT.

La lettre suivante a été écrite au mois de mai 1859, par un enfant de neuf ans, Maurice de W...., au sortir d'une audience que lui avait accordée le Souverain Pontife. Nos lecteurs nous sauront gré de reproduire ce petit chef-d'œuvre de grâce et de naïve piété.

« Dimanche 1ᵉʳ mai 1859. »

« A deux heures, on nous a annoncé que nous aurions une audience du Saint-Père ; arrivés au Vatican, on nous a fait entrer dans une grande salle où il y avait beaucoup de monde. Nous avons eu la crainte que le Pape ne nous reçût pas seuls. Après qu'on eut demandé une famille, nous fûmes rassurés. Nous avons été reçus les derniers. Papa a dit au Saint-Père que j'allais faire ma première communion : alors je lui ai demandé sa bénédiction ; il me tenait sous son bras ; je lui ai baisé le pied et son anneau, puis nous sommes partis. Nous étions déjà au bas de l'escalier, lorsqu'un prélat est venu dire à maman que le Saint-Père demandait le plus grand des enfants ; alors j'y suis accouru !

« Le Pape m'a dit d'aller avertir mes parents qu'il voulait me donner quelque chose. En revenant, je courais, mais je n'ai plus couru lorsque je l'ai aperçu. Il m'attendait debout, les bras croisés, en me regardant. Alors il m'a pris encore sous son bras, puis le Saint-Père m'a dit : « Il faut que « je vous donne quelque chose ; » il m'a demandé : « Comment vous appelez-vous ? » Je lui ai répondu : « Maurice. » Il a dit : « *Morizio.* » Il répétait en italien à ses prélats presque tout ce que je disais. Le Saint-Père m'a dit : « Où demeurez-vous, en

« France ? — Saint-Père, à Paris. » Nous parcourions beaucoup de corridors et de grandes salles. Le Saint-Père m'a dit : « Voilà le Vatican, les « chambres, les tableaux, » et il me les montrait avec la main ; puis, en passant devant un beau tableau, le *Crucifiement de saint Pierre*, il m'a dit : « Voilà mon tableau. » Il a ajouté, en regardant ses prélats : « *Poverino ragazzo !* Pauvre petit gar- « çon ! » Le Saint-Père m'a dit : « Maurice, c'est « bien long ? » en ayant l'air de me demander si je m'ennuyais. Plus loin, il me l'a dit encore ; j'ai répondu : « Oh ! Saint-Père, ça me fait « bien plaisir ! » Plus loin encore, le Saint-Père m'a dit : « Voilà les Suisses. — Ah ! oui, oui, « Saint-Père ; » et ils se mettaient tous à genoux sur notre passage. Le Saint-Père me regardait tout le temps. Au commencement, il tenait mon bras sous le sien ; puis après, il était fatigué ; alors il a croisé ses mains ; je marchais à côté de lui, une fois je l'ai un peu heurté. Il a tiré une grande clef de sa poche qui était si profonde, qu'il a entré presque son bras jusqu'au coude. Cette clef est toute découpée et très-belle. Le Saint-Père a ouvert sa chambre ; il voulait me faire entrer le premier, je me suis reculé. Il a dit en entrant : « Voilà ma chambre, mon lit, mon secrétaire ; » puis il a refermé la porte avec la clef ; nous étions tous les deux tout seuls ! Sur son bureau, j'ai vu une espèce d'horloge avec une poignée; elle fait beaucoup de bruit; j'ai dit : « Saint-Père, qu'est-ce que c'est que cette machine-là? » Il m'a répondu : « C'est la pendule qui règle mon travail. »

« Sur ce même bureau, qui est, je crois, à cylindre, il y avait un crucifix en or, le dessus du bureau est recouvert d'une toile cirée : sur le bureau, le Saint-Père a pris une petite clef, il a ouvert un tiroir de secrétaire; ce tiroir tombe comme pour écrire; il y en a cinq ou six semblables. Dans ces tiroirs, j'ai vu des crucifix, des billets de cinq cents francs, des médailles, etc..... Le Saint-Père a dit : « Qu'est-ce que je vais donner « à Maurice? » Il a pris un camée monté en or, il m'a dit : « Voilà un petit tableau de la sainte « Vierge. » Puis il a pris une médaille d'or avec son portrait; il a dit : « Non, non, ce n'est pas celle-« ci; » alors il en a tiré une autre en regardant encore dans le secrétaire; il l'a prise, l'a regardée, il a dit : « Voilà, » en me la mettant dans la main; j'ai répondu : « Saint-Père, vous êtes bien bon, « je vous remercie bien. » Puis il a dit : « Je vous « souhaite un bon voyage. » Il m'a pris la main comme pour me donner une poignée de main; alors je me suis baissé bien vite pour embrasser bien fort la main du Saint-Père. Le lit du Pape est bordé de rouge; il a une grosse paillasse et un seul matelas.

« Tous ceux qui me voyaient passer avec le Pape souriaient, ils avaient l'air étonné.

« Je me suis promené avec le Saint-Père près d'une demi-heure.

« Enfin, le Saint-Père m'a dit en souriant : « *Addio, mio figlio,* — Adieu, mon fils, » en fermant un peu les yeux, comme s'il m'aimait et me bénissait. Il m'avait cependant béni un peu auparavant. Puis, il m'a dit : « J'espère que je vous re-« verrai bientôt. » Je m'étais confessé la veille, il me semblait que j'étais dans le ciel !...

« Le Pape m'a dit à la fin : « Maurice, suivez « Monsieur, il vous conduira à vos parents. » C'était un officier, que j'ai même pris pour un général.

« Un prélat en violet m'a dit : « Vous raconterez bien cela à vos petits amis à Paris. »

UN DANDY (1).

Je vais vous conter une bien triste histoire, nous dit Rodolphe l'autre soir ; écoutez-moi.

Je voyais souvent, au café d'Orsay, un jeune homme qui menait une vie singulière ; il se levait à midi, et se rendait au café, où il passait toute l'après-dînée à causer et à regarder les passants quand il ne trouvait point de partner pour jouer

(1) Ce récit est dû à la plume si incisive et si ferme de M. Dubosc de Pesquidoux.

aux dominos. Vers cinq heures, il demandait de l'absinthe, en buvait jusqu'à trois et quatre verres, dînait avec un soin minutieux, avalait un demi-carafon d'eau-de-vie, puis du café, puis des liqueurs des îles. Toute la soirée se passait ainsi à boire et à jouer. Il ne quittait la place que lorsque les garçons fermaient l'établissement.

Je n'ai jamais vu de plus triste victime du plaisir.

M. d'Argeau n'avait pas trente-six ans. On lui en donnait le double. Il marchait tout courbé, appuyé sur une canne, s'arrêtant pour respirer, et faisant des efforts douloureux pour faire arriver un peu d'air jusqu'à ses poumons, qui s'en allaient en pourriture. Voilà pour le physique; au moral, il avait perdu le sens, et la notion du bien et du mal n'existait plus pour lui. Quant à son intelligence, il disait lui-même que son cerveau *s'était vidé*. D'ailleurs, il reconnaissait que c'étaient les plaisirs qui l'avaient mené là.

« Si la lampe n'a plus d'huile, disait-il, en employant une expression banale, ce n'est pas sa faute ; je l'ai brûlée par les deux bouts !... »

« Quelle ruine ! » disaient ceux qui l'avaient jadis connu ; et alors on racontait qu'autrefois le vicomte d'Argeau avait été jeune et beau, bien portant. Malheureusement, sa mère était morte de bonne heure, lui laissant une grande fortune, dont il avait usé avec folie. Pendant un temps, le vicomte fut un des dandys les plus fastueux et les plus débauchés de Paris. On citait ses équipages et ses soupers; il avait inventé des harnais particuliers. Cela dura cinq années, après lesquelles le vicomte se retrouva vers l'âge de trente ans entièrement ruiné, désabusé, mécontent des autres, mécontent de lui surtout, avec une santé fortement ébranlée et une incapacité absolue d'efforts et de travail. Son père, haut et puissant fonctionnaire, voulut le rappeler; mais l'asphalte, paraît-il, a des attraits, même pour un dandy dépossédé. Le vicomte refusa de quitter Paris. La province l'écœurait, prétendait-il, et le père, homme profondément égoïste et vicieux, s'accommoda volontiers d'une situation qui laissait à l'un et à l'autre toute sa liberté. Il fit à son fils six mille francs de rentes, et ne s'en occupa plus.

Telle était la situation du vicomte d'Argeau lorsque je le connus. Il vivait seul ou à peu près, n'ayant avec les habitués du café que des rapports de dominos. Fils d'une grande race de Bourgogne, il avait à Paris une brillante parenté; mais depuis longtemps il ne la voyait plus, et ses cousins, de leur côté, ne se souciaient aucunement de lui. Ses six mille francs, le vicomte les consacrait exclusivement aux plaisirs de la table, les seuls d'ailleurs que sa santé pût encore lui permettre. Il était arrivé à un dédain extrême de toutes les folies et de toutes les élégances qui l'avaient perdu. Il avait, dans un petit hôtel de la rue de Beaune, un logement dont un étudiant n'aurait pas voulu; et quant à sa toilette, lui que l'on citait jadis, il affectait maintenant une incurie qui touchait presque au cynisme.

Pourtant le vicomte inspirait de la pitié. Il avait parfois des éclairs qui faisaient regretter profondément l'âme perdue. Moi-même, parfois, j'ai voulu le relever.

« Au moins, lui disais-je, supprimez certaines habitudes qui vous tuent. »

Mais il souriait sans répondre; et comme un jour je le pressais davantage :

« Bah! répondit-il avec un rire amer. Je prétends finir comme j'ai vécu : courte et bonne. »

Je n'insistai plus.

Ces jours derniers, le vicomte disparut. Nous en demandâmes des nouvelles au garçon. On ne l'avait point vu depuis une huitaine.

« Il est malade, probablement, » dîmes-nous?

Et nul ne s'en occupa plus. Pourtant, j'eus un remords, et moins par affection que par un mouvement de charité, je me décidai à l'aller voir. C'était lundi dernier au matin.

En effet, le vicomte était malade, et dans quel état! Je le trouvai sur un fauteuil, la tête renversée, respirant avec des peines infinies, et seul dans une chambre nue.

« Comment vous trouvez-vous? » lui demandai-je.

— Assez mal, » répondit-il, s'efforçant de sourire et exagérant encore l'insouciance qui lui était habituelle.

Je lui pris la main; elle était froide. Je m'avisai de lui toucher les jambes; plus froides encore. Je soulevai le pantalon; la chair était livide et marquetée de taches vertes.

« Mais, c'est la mort! » criai-je tout hors de moi.

« Qu'avez-vous donc? dit-il froidement ; je crois que vous avez eu peur.

— Rien, repris-je, essayant de me contenir; mais... vous êtes seul, sans médecin, sans garde!

— Bah! j'ai eu des crises semblables, et j'en suis revenu, j'en reviendrai encore. Vous êtes vraiment bon de vous troubler ainsi.

— Et votre père? demandai-je.

— On lui a écrit, je crois; il arrivera ce soir. »

J'étais dupe, je l'avoue, de sa tranquillité; pourtant j'ajoutai :

« C'est égal, vous devriez faire venir un médecin. Voulez-vous que j'aille prévenir mon docteur?

— Comme il vous plaira. »

Une heure après, je ramenais mon médecin et

une garde. Le docteur tâta, examina rapidement le vicomte, puis il ordonna ce qu'on ordonne pour les gens qui vont mourir : des synapismes et des frictions. Je sortis avec lui.

« Eh bien? demandai-je.

— Il sera mort demain, répondit le médecin; il n'y a plus rien à faire : c'est strictement, ajouta-t-il, une lampe qui s'éteint. »

Je rentrai dans la chambre, la garde frictionnait; le malade laissait faire. De temps à autre, il m'adressait la parole avec l'apparente indifférence que je lui avais toujours connue. J'étais, je l'avoue, fortement saisi.

— Mais je ne puis pas le laisser mourir ainsi! pensai-je.

« Mon ami, lui dis-je, vous avez eu, je le sais, une éducation chrétienne. Voulez-vous que je fasse venir un prêtre?

— Plus tard, répondit-il. Je suis donc bien malade? qu'a dit le docteur? »

Ce calme m'écrasait.

« Au moins, dis-je, prenez cette médaille. »

Il sourit et me laissa, avec la même impassibilité, lui passer la médaille autour du cou.

« Votre père n'arrive pas, repris-je; je vais faire jouer le télégraphe.

— C'est inutile, dit-il avec une intonation et un sourire singuliers; il arrivera.

Je restai avec M. d'Argeau jusqu'à minuit, attendant le père de minute en minute. Le malade respirait toujours plus difficilement; ses mains devenaient plus froides et ses jambes plus vertes. Nous l'étendîmes sur son lit; il étouffait. Il fallut le relever. Nous l'assîmes adossé contre des coussins, puis nous continuâmes nos frictions. A minuit je m'en allai, laissant mon nom au garçon et lui recommandant de venir me réveiller si M. d'Argeau était plus mal.

J'espérais, comme avait dit le docteur, qu'il irait jusqu'au matin. Une heure après, on frappait à ma porte. Je courus à l'hôtel. Il était mort.

« Que s'est-il donc passé? demandai-je à la garde.

— Dame! monsieur, quand vous êtes parti, il a commencé à se balancer sur son séant, et à demander de l'air. J'ai ouvert la fenêtre, puis, voyant qu'il ne pouvait pas aller loin, je lui ai parlé du prêtre; il m'a répondu, comme à vous, — Plus tard; — tout d'un coup il s'est plié en deux, la tête sur ses pieds, puis il est retombé sur ses coussins, en criant :

— De l'air! J'étouffe! J'étouffe! Un prêtre!...

Je lui ai présenté alors la médaille; il l'a baisée comme un fou. Une seconde après, la médaille est tombée de ses mains, et il n'a plus rien bougé. »

Il était dans la même position, les bras étendus,

la tête renversée, le visage vert et fortement contracté. J'envoyai chercher un de mes amis pour passer la nuit avec moi auprès du mort. A tout moment, j'attendais le père. Or, écoutez ceci : le père était arrivé depuis la veille, et, au lieu de venir voir son fils, il avait passé la soirée chez une figurante d'un théâtre du boulevard. Je compris alors le sourire du vicomte. Il connaissait bien son père. Celui-ci se présenta le lendemain. J'étais déjà parti, et mon ami aussi. Il demanda son fils. Le garçon eut un pressentiment, mais il fut fort embarrassé, et ne sachant que répondre, il introduisit le visiteur sans mot dire dans la chambre du mort. Pourtant là, au rapport du maître d'hôtel, cet homme retrouva des sentiments de père... Il versa même quelques larmes et voulut voir le jeune homme qui avait assisté son fils. Il me remercia avec une certaine effusion; puis il disparut, et je ne l'ai plus revu. C'est moi qui ai tout préparé pour l'enterrement. Deux de mes amis, qui n'avaient pas connu M. d'Argeau, m'ont aidé dans ces soins. Nous l'avons accompagné au cimetière. A l'église, nous trouvâmes des gens fort brillants, venus en de splendides équipages. C'étaient les cousins, désormais les héritiers du mort, que le père avait fait prévenir. Nous n'échangeâmes pas un mot; même ils nous regardèrent fort dédaigneusement. Après l'office, toute cette élégante société remonta dans ses voitures et disparut.

« Est-ce assez triste? ajoutait notre ami. Peut-on expier plus cruellement les folies de sa jeunesse?... Oui, voilà comment est mort le vicomte d'Argeau, fils de préfet, petit-fils de général, descendant de grande race et destiné à avoir cent mille livres de rente! Sans un hasard, sans une bonne inspiration qui m'a amené auprès de lui, moi qui le connaissais à peine, il serait mort seul entre une garde et un garçon d'hôtel! Mais je ne me console point de l'avoir laissé périr ainsi sans les secours d'un prêtre. Cette pensée me poursuit comme un remords... Malheureusement, reprit Rodolphe, je ne suis pas aussi dévot qu'il le faudrait. Mais c'est en de pareils moments qu'on apprend à se connaître. J'ai fait promettre à mes amis que si je tombais malade, ils m'amèneraient un prêtre en même temps qu'un médecin.

— Prenez garde, lui dis-je alors, qu'on ne dise pour vous ce que l'on peut dire de votre malheureux ami : Trop tard ! »

SOUVENIRS ANECDOTIQUES SUR PIE IX.

I

Pie IX est le deux cent cinquante-huitième Pape, c'est-à-dire que, depuis que Jésus-Christ a chargé saint Pierre d'être son vicaire sur la terre et le premier Pontife de son Église, deux cent cinquante-sept Papes se sont succédé sur ce premier de tous les trônes du monde. — C'est le 16 juin 1846 que Pie IX a été élu : ainsi il gouverne l'Église depuis près de quatorze années.

Une charité inépuisable, tel était le caractère propre de Pie IX, alors qu'il n'était encore qu'évêque d'Imola (connu sous le nom de Mgr Mastaï).

Voici, entre tous les autres, deux traits qui vous feront connaître jusqu'où savait aller ce cœur d'évêque si compatissant, si charitable.

II

Un jour, une pauvre vieille femme parvint jusqu'au cabinet du prélat, et se jeta à ses pieds en lui demandant de la secourir. Mgr Mastaï, qui donnait souvent jusqu'à son dernier sou, en était, ce jour-là, réduit à cette extrémité : sa bourse était à sec ; il n'avait pas un seul *bajocco* (cinq centimes) dans ses tiroirs. — Que faire ?... Laissera-t-il partir cette pauvre femme sans la soulager ? Une pensée subite traverse son esprit : à défaut de monnaie, il peut lui donner quelque objet précieux. — Tout aussitôt il se dirige vers le meuble contenant son argenterie ; puis, mettant un couvert dans les mains de la solliciteuse, tout étonnée d'une pareille bienfaisance :

« Prenez-le vite, lui dit-il avec bonté, et allez le porter au Mont-de-Piété ; je le retirerai quand je pourrai. »

Le soir, l'intendant du Palais, qui n'était pas dans le secret de la bonne œuvre, après des recherches infructueuses, prit le parti d'annoncer à son maître, d'un air consterné, qu'il y avait des voleurs dans la maison, qu'un couvert était disparu. Au sourire du prélat, et à ce mot qu'il laissa échapper : « Soyez tranquille, mon ami. Dieu en a disposé, » il comprit tout et ne pensa plus à rechercher le voleur. Mais, en vieux serviteur tout dévoué aux intérêts de son maître, et qui déjà s'était bien des fois indigné de ce qu'il nommait les folles prodigalités de sa bienfaisance, il entreprit de faire un sermon à l'évêque. Son éloquence ne fut pas persuasive ; car, quelques jours après, il manquait encore un objet précieux au palais épiscopal. C'étaient les flambeaux d'argent qui ornaient la cheminée de l'évêque.

III

Un estimable habitant d'Imola, qui se trouvait dans un extrême embarras pour un payement qu'il devait effectuer, s'était adressé au cardinal. Cette fois encore sa bourse se trouvait épuisée.

« De quelle somme avez-vous besoin ? avait-il cependant demandé.

— De quarante écus (environ deux cents francs), lui avait-on répondu.

— Je n'ai pas un *bajocco*, dit-il ; mais prenez ces flambeaux d'argent, et vendez-les : vous en retirerez peut-être ce qu'il vous faut. »

Mgr Mastaï avait cru la chose toute simple, et en être quitte pour une admonestation de son intendant. Il n'en fut point ainsi : et, bien que la fin de cette histoire n'atteigne pas précisément le but que je me propose ici, je ne puis m'empêcher de la raconter.

L'orfèvre chez lequel les flambeaux furent portés les reconnut pour appartenir au cardinal. Consignant tout aussitôt le vendeur chez lui, il court au palais épiscopal.

« Votre Éminence n'a-t-elle pas été volée ? » demanda-t-il à l'évêque, dès qu'il eut été introduit.

— Non, répondit le cardinal.

— C'est qu'on vient de m'apporter des flambeaux d'argent que j'ai cru reconnaître pour appartenir à Votre Eminence. »

A ce mot l'évêque, se rappelant le don qu'il venait de faire quelques instants auparavant, se contenta de dire :

« Merci, de votre intérêt, mon ami ; mais ne vous inquiétez pas, on ne m'a rien volé. Achetez ces flambeaux, si l'on veut les vendre et qu'ils vous conviennent. »

En même temps, il le congédia avec sa grâce ordinaire. L'orfèvre comprit qu'il y avait un mystère. De retour chez lui, il presse de questions le vendeur : celui-ci finit par avouer qu'ayant besoin de quarante écus, il s'était adressé au cardinal ; et que, à défaut d'argent, l'Éminence lui avait donné ses flambeaux. C'en fut assez pour l'orfèvre, qui avait une vénération pour Mgr Mastaï. Il compta la somme, et, courant reporter les flambeaux au palais épiscopal :

« Je sais tout, Éminence ! dit-il avec empressement ; voici vos flambeaux ; j'ai soldé les quarante écus ; vous me les rendrez quand vous pourrez. »

IV

La charité de l'évêque d'Imola était générale pour tous ses diocésains ; et plusieurs fois, elle le porta jusqu'à se compromettre lui-même pour sauver des malheureux. Le fait suivant, qui se passa après les insurrections de 1831-32, lorsqu'il était encore à Spolète, en est une preuve irrécusable.

Un agent supérieur de la police romaine était parvenu, après beaucoup de peine, à dresser la liste des principaux coupables. Soit espoir de voir ses efforts appréciés, soit qu'il voulût acquérir de l'importance, avant d'expédier cette pièce à Rome, il vint avec orgueil la montrer à l'archevêque. Celui-ci, qui ne se regardait que comme le père de son troupeau, et ne voulait pas en être le juge, lut d'un regard consterné la nomenclature funèbre : tout en la parcourant, il cherchait le moyen de sauver ces enfants. On était en hiver : le foyer brûlait... l'expédient était tout naturel... Après avoir terminé sa lecture, l'archevêque, regardant l'agent avec un sourire de satisfaction :

« Mon pauvre enfant, lui dit-il, vous n'entendez rien à votre métier. Quand le loup veut dévorer les moutons, il ne vient pas prévenir le pasteur du troupeau. »

En même temps, il jeta la pièce accusatrice dans les flammes. Ainsi la justice humaine était arrêtée par la charité du vertueux prélat. S'il faut tout dire, je dois ajouter que Mgr Mastaï fut réprimandé : en effet, il avait commis une faute, mais c'était une de ces fautes qui, comme on l'a fort bien dit, font les saints, et que surtout les saints ne peuvent s'empêcher de faire.

V

Quelques jours avant cette scène, qui n'avait eu pour témoin que le palais épiscopal, Mgr Mastaï avait su joindre le plus noble courage à la même charité. C'était au moment où les habitants de Spolète (que l'autorité de sa vertu avait jusque-là retenus dans le devoir, malgré les passions qui fermentaient dans la ville) venaient de céder à l'entraînement de l'insurrection presque générale en Italie. Or, il faut que vous sachiez que, sous le pontificat de Grégoire XVI, prédécesseur de Pie IX, dès que le moindre mouvement se manifestait dans l'un des États romains, c'était l'Autriche qui intervenait avec ses troupes pour faire tout rentrer dans l'ordre. A peine donc la nouvelle de l'insurrection de Spolète se fut-elle répandue, que les Autrichiens étaient aux portes de la ville et se préparaient à de rudes répressions.

Spolète était dans la consternation : les bons s'attristaient, les imprudents tremblaient, les coupables commençaient à baisser la tête, tous pressentaient le poids de la répression de l'Autriche. N'y aurait-il point de pardon ?... Les probabilités humaines n'osant pas en promettre ni en faire même espérer, la charité saura trouver le moyen de l'obtenir.

Mgr Mastaï sait que le pasteur doit s'exposer pour ses brebis... Il part sur-le-champ, va trouver le général autrichien, et, à force de supplications, il arrête la vengeance prête à éclater. L'évêque s'est engagé à désarmer les rebelles, et a promis de satisfaire aux nécessités de la guerre sans qu'il soit besoin de recourir à des mesures devenues inutiles. — Est-il besoin d'ajouter qu'à son retour, dans les murs de Spolète, il vit tomber à ses pieds les armes que la passion retenait encore à quelques bras. Tous avaient compris que, s'il appartient à la charité d'adoucir les cœurs et de sauver, la révolte, la rébellion doit aussi céder son empire et disparaître devant la charité.

VI

Voilà, mon ami, déjà bien des traits pleins d'intérêt de la vie épiscopale de Pie IX. Je veux terminer cette période par un récit d'autant plus intéressant qu'il montre la charité et la puissance conciliatrice unies à un héroïsme encore plus grand peut-être que celui que nous avons eu l'occasion d'admirer. L'action commence à Imola, alors que Mgr Mastaï n'était que simple cardinal, et se termine à Rome, sous l'influence du nom de Pie IX.

VII

Quoique Mgr Mastaï fût entouré à Imola de l'estime et de l'affection de tous, il avait néanmoins quelques ennemis : en cela, il ne pouvait différer de tous ceux qui ont acquis les sympathies publiques. Il aurait voulu faire cesser ces inimitiés, il y parvint peu à peu.

Une seule avait résisté ; c'était celle du gonfalonier (*maire*) de la ville. L'épouse de ce magistrat souffrait beaucoup des sentiments de haine de son mari pour l'évêque d'Imola, et des procédés inconvenants dont, plusieurs fois, il avait usé envers lui. — Depuis longtemps cette digne femme cherchait un expédient qui pût changer ce caractère. Elle allait devenir mère : cette circonstance lui parut ménagée par la Providence pour réaliser cette réconciliation. — « Si Mgr Mastaï, se disait-elle, voulait devenir le parrain de cet enfant que Dieu va me donner, mon époux ne pourrait s'empêcher de changer : tout dissentiment, toute haine disparaîtrait évidemment devant le lien de parenté contracté par l'Éminence avec notre enfant. »

Elle vint donc trouver l'évêque et lui communiqua ses pensées et ses projets. Mgr Mastaï la remercia et donna son approbation.

« Oui, dit-il, j'accepte bien volontiers de devenir le parrain de cet enfant de bénédiction. Heureux, à ce titre, de me faire un ami de plus ! »

Mais, hélas ! il restait une difficulté. Jamais, dans la disposition d'esprit où il se trouvait, le gonfalonier ne proposerait à l'Éminence de devenir le parrain de son enfant. Il fallait donc que l'évêque prît les devants et fît la demande lui-même. La pauvre dame lui soumit son embarras.

« Qu'à cela ne tienne, répondit avec bonté Mgr Mastaï. Eh bien, j'irai le demander moi-même. »

L'occasion s'offrit le lendemain. On devait tenir à l'évêché un conseil pour l'administration de l'hospice de la ville ; nécessairement le gonfalonier devait y assister. — A la sortie du conseil, l'évêque alla droit à lui, avec sa bienveillance ordinaire, et, comme s'il eût oublié tout ce que le cœur du gonfalonier renfermait de fiel contre lui :

« Cher comte, lui dit-il, recevez mes félicitations ; j'ai vu hier votre épouse ; elle est venue me faire part de votre commun bonheur : vous allez donc bientôt compter un enfant de plus dans votre famille. C'est une grande joie que Dieu vous envoie ; je m'y associe de grand cœur. A propos, avez-vous choisi un parrain ?

— Pas encore, répond avec sang-froid le fonctionnaire.

— Tant mieux ! dit aussitôt l'évêque, dont le

regard et la parole avaient pris un accent de bienveillance plus délicat; tant mieux! j'en ai un à vous présenter... et... c'est moi.

— Vous!... vous! jamais! jamais. »

Le gonfalonier n'avait pu s'empêcher de laisser échapper cette exclamation; puis, méconnaissant les règles de la plus simple politesse, il lui avait tourné le dos et s'était éloigné.

Mgr Mastaï fut profondément affligé de n'avoir pu réussir à gagner ce cœur ulcéré, mais sa charité lui persuada que cette œuvre n'était pas perdue : il se promit de revenir à la charge dans une meilleure occasion.

Un mois après, l'évêque d'Imola était devenu Pie IX, et le gonfalonier recevait un billet contenant ces simples mots :

« Vous avez refusé pour parrain l'évêque d'Imola, accepteriez-vous l'évêque de Rome? »

Comme vous le pensez bien, mon ami, la réponse ne fut pas douteuse. Prenant tout aussitôt la poste, le gonfalonier accourut au Quirinal se jeter aux pieds du Saint-Père.

Après ce trait, dites si j'avais tort d'avancer que la charité, toujours prévenante, toujours patiente du Souverain-Pontife savait gagner tous les cœurs. Aurais-je tort d'ajouter qu'elle savait changer en amis dévoués les hommes naguère ses ennemis

VIII

Qu'il nous soit permis d'ajouter aux touchants récits de M. l'abbé Dumax celui d'une visite récente faite à Sa Sainteté par une famille française. Ce récit est communiqué à un recueil des départements très-justement estimé, l'*Ami des familles*. On y remarquera un trait de spirituelle bonhomie du Saint-Père, provoqué par la simple et naturelle émotion d'une très-pieuse dame.

Nous nous empressâmes de faire les démarches d'usage pour arriver auprès du Souverain Pontife. Notre demande fut accueillie avec bonté : l'entrevue devait avoir lieu dans les jardins du Vatican. A l'heure indiquée, nous nous y rendîmes avec empressement, et, accompagnées de deux personnes de la maison du Pape, nous pénétrâmes dans le riant et gracieux séjour où le Saint-Père priait, en attendant le moment où il devait nous entretenir. Après avoir traversé, avec nos introducteurs, plusieurs allées de ce nouvel Éden, nous aperçûmes enfin l'auguste Pontife, debout devant un massif de verdure.

Des paroles ne sauraient exprimer ce que nous ressentîmes à l'aspect de sa personne sacrée. La majesté de son port, relevée encore par la hauteur de sa taille ; la puissance de son regard où brillent à la fois la distinction de la dignité du souverain et la bonté du père; son sourire modeste et plein de charmes; sa tête blanchie sous la triple influence de l'âge, des labeurs et de l'adversité; ce vêtement sacré dont l'éclatante blancheur se détachait si bien sur le vert foncé des orangers, des grenadiers, des lauriers qui formaient le fond du tableau, cet auguste et magnifique ensemble qui n'existe que chez lui nous impressionna si vivement que nous nous jetâmes instinctivement à genoux.

Pie IX s'avança jusqu'à nous et sa main paternelle s'étendit sur nos têtes pour nous bénir. Il nous fit signe de nous relever; je le fis en rappelant tout mon courage; mais, pour madame de X..., elle semblait clouée à la place qu'elle occupait et paraissait avoir perdu le sentiment. Ce ne fut que lorsque le Saint-Père, se courbant avec une ineffable bonté, l'eut invitée une seconde fois à se relever, que rappelée à elle par une nouvelle émotion elle parvint à se mettre debout à l'aide de mon bras, que je m'étais empressée de lui offrir.

Notre entretien dura près d'une heure. Après avoir dit comment la mort lui avait enlevé prématurément son fils bien-aimé, madame de X... recueillit de la bouche vénérée de Pie IX des paroles si douces, si consolantes, que son âme s'ouvrit enfin à la résignation. Le Souverain Pontife nous parla encore de notre belle patrie; il nous dit combien lui étaient chers les liens d'amour et de reconnaissance qui l'unissaient au peuple français ; enfin sa conversation fut si aimable, si sainte, si onctueuse, que le temps accordé pour notre audience passa avec la rapidité de l'éclair.

Avant de le quitter, nous nous empressâmes de demander au Saint-Père des faveurs spirituelles pour nos amis et pour nous ; mais pour nous livrer les pièces qui nous en garantissaient l'authenticité, il fallut que le Saint-Père rentrât au palais. Nous l'y suivîmes et nous entrâmes dans une pièce assez vaste et qui offrait les allures d'un secrétariat. Après que Pie IX eut apposé sa signature et son sceau sur les objets de nos demandes, il nous les offrit avec une bonté et une grâce ravissantes : madame de X.., un peu remise de sa première émotion, était rayonnante de bonheur. Au moment où le Saint-Père nous congédiait, je la vis s'avancer résolument vers lui. « Saint-Père, lui dit-elle, ne me refusez pas la nouvelle faveur que j'implore de votre condescendance paternelle et de votre douce charité. — Parlez, ma fille, reprit Pie IX. — Eh bien ! permettez-moi d'emporter, en mémoire de cet heureux jour de ma vie, cette plume dont votre Sainteté vient de se servir pour signer ces pièces, » et elle lui désignait une plume dont le manche d'ivoire était artistement travaillé, et certes ce n'était pas ce qui en faisait à ses yeux le plus grand mérite. « De grand cœur, ma chère fille ! lui dit le Saint-Père, en lui présentant la plume ; mais, ajouta-t-il avec un aimable sourire, nous désirons que les nombreux pèlerins que nous recevons n'aient pas tous la même dévotion que vous, car notre fournisseur du bureau aurait grand mal à nous tenir assez de plumes. »

Parmi les nombreux objets d'art et de curiosité que l'immense fortune de madame de X... lui permit de se procurer et d'emporter de Rome, le plus cher, le plus précieux, celui auquel s'attache le plus doux souvenir est, sans contredit, la plume d'ivoire de Pie IX.

IX

C'était pendant le carnaval. Selon l'usage d'Italie et de la plupart des pays catholiques, le Saint-Sacrement était exposé, en forme de Quarante-Heures, dans l'église cathédrale d'Imola, dont Pie IX, alors cardinal Mastaï, était l'Archevêque-évêque. Depuis longtemps déjà il priait devant la sainte hostie, agenouillé au pied de l'autel de la chapelle souterraine, lorsque des cris qui venaient de l'église attirèrent son attention et le firent remonter dans la basilique. Ces cris, entrecoupés de soupirs et de plaintes déchirantes, étaient poussés par un homme qui avait reçu un coup de poignard, et qui, pour échapper aux assassins, avait cherché un refuge dans l'église et venait de tomber épuisé au pied d'un pilier.

Le charitable évêque court aussitôt vers la pauvre victime, l'interroge doucement sur son malheur, le soulève de terre, l'étend sur ses genoux, et se met en devoir de découvrir la plaie pour en connaître la gravité et lui donner des soins, lorsque des hommes furieux se précipitent en criant dans l'église; ce sont les assassins qui poursuivent leur victime jusqu'au pied des autels.

Le Cardinal, en les voyant, dépose doucement le malade et l'appuie contre le pilier ; puis, s'avançant au-devant de ces furieux : « Eh quoi ! leur dit-il, vous avez le courage et l'audace de pousuivre ce malheureux jusqu'aux pieds du Dieu vivant ! vous n'êtes donc pas contents de l'avoir assassiné? Il ne vous suffit pas d'avoir versé son sang, il vous faut encore le boire ! » A la vue de leur évêque, en entendant ces reproches, ces hommes sont effrayés et ils s'enfuient. Le charitable Cardinal retourne alors auprès du blessé, il le place de nouveau sur ses genoux, et, pendant qu'il s'occupe de débarrasser la plaie, un médecin, qu'il avait fait appeler dès le commencement, arrive, et, après avoir examiné la blessure, déclare que le patient n'a plus que quelques instants de vie. Le cardinal entend sa confession, l'absout, le bénit, et reçoit bientôt son dernier soupir ; puis il lui ferme les yeux, et ne se retire qu'après avoir donné tous les ordres nécessaires pour qu'on lui rende les derniers devoirs.

FIN

TABLE DES MATIÈRES

I. — Charité en action.......................... 1
II. — Beaux exemples et bonnes leçons............. 57
III. — Amour paternel et piété filiale............... 93
IV. — Missions et missionnaires................... 115
V. — Puissance de la prière..................... 143
VI. — Petites esquisses.......................... 152
VII. — Mélanges................................. 205

Corbeil, typ. et stér. de Crété.

A LA MÊME LIBRAIRIE.

Politesse et bon ton. Devoirs des jeunes femmes chrétiennes dans le monde, par Mme la comtesse Drohojowska, née Symon de Latreiche. Troisième édition. 1 vol. in-12, broché...... 1 fr. 50

Compte rendu de la BIBLIOGRAPHIE CATHOLIQUE, mars 1862.

Parvenu à sa troisième édition, ce manuel du savoir-vivre, procédant avec clarté et méthode, sans s'éloigner jamais de son sujet, en embrasse toutes les parties et rattache constamment la science du monde aux devoirs du chrétien, ce qui en fait une excellente étude morale, en même temps qu'un code accompli de politesse et de bon ton. Il est divisé en quatre parties distinctes. La première nous peint d'abord la femme telle qu'elle doit être dans son intérieur; — la deuxième nous montre la femme dans le monde; — la troisième est un petit traité pratique d'éducation à l'usage des jeunes mères, et a pour conclusion quelques chapitres puisés dans les entretiens de madame de Maintenon, recueillis par les dames de Saint-Cyr. D'autres citations sont également bien choisies...; — la quatrième partie offre une suite d'exemples intéressants. — A notre avis, *on n'a rien fait de mieux dans ce genre.* L'abbé DUPLESSY.

*Compte rendu de l'*OBSERVATEUR DU DIMANCHE, juillet 1862.

M. Sarlit vient d'éditer un volume bien utile de madame la comtesse Drohojowska, *De la politesse et du bon ton, Devoirs d'une femme chrétienne dans le monde.* Elle nous avait déjà donné plusieurs études sur des sujets analogues, *De la politesse au pensionnat, Du bon langage et des locutions à éviter*, etc., celle qu'elle vient de nous donner complète cette espèce de série. Mais hâtons-nous d'ajouter que l'auteur a parfaitement compris que c'est du cœur que part la véritable politesse, qu'elle n'est réellement que la CHARITÉ dans les rapports de société. Aussi son livre n'indique pas seulement ce que l'usage prescrit en bonne compagnie, mais c'est aussi un traité de morale.

Mis DE ROYS.

De la politesse au pensionnat, par Mme la comtesse DROHOJOWSKA, auteur de *Politesse et bon ton,* etc. 1 vol. in-18 cartonné........................... 1 fr. »

*Compte rendu de l'*OBSERVATEUR DU DIMANCHE, décembre 1861.

Madame la comtesse Drohojowska a publié un joli petit livre intitulé : *De la politesse au pensionnat.* Lorsque nous avons parlé de son ouvrage sur la politesse, nous avons dit qu'elle rattachait la vraie politesse à la charité chrétienne. C'est encore le même principe qui l'a dirigée dans la rédaction de ce nouveau livre qui devient ainsi doublement utile. Mis DE ROYS.

Du Bon langage et des locutions à éviter, par Mme la comtesse DROHOJOWSKA, née SYMON DE LATREICHE. 1 vol. in-12, broché.
.... 1 fr. 50

Compte rendu de la REVUE DES BIBLIOTHÈQUES PAROISSIALES, décembre 1857.

Bien que nous ne partagions pas la manière de voir de l'auteur sur plusieurs locutions qu'elle rejette ou qu'elle admet, nous n'en tenons pas moins ce volume comme l'un des meilleurs qu'on puisse mettre aux mains de la jeunesse. Nombre de personnes âgées y trouveront même de quoi s'instruire. Il y a, il est vrai, dans notre langue une foule de tournures de phrases laissées à l'arbitraire; il y a aussi des manières de prononcer qui dépendent un peu du goût de chacun. Du moins peut-on établir des règles générales et constater les usages de la meilleure société. Nous croyons que, sous ce rapport, madame Drohojowska aura fait un excellent livre. L'abbé TERRIS.

CORBEIL, typ. et stér. de CRÉTÉ.

www.ingramcontent.com/pod-product-compliance
Lightning Source LLC
Chambersburg PA
CBHW062231180426
43200CB00035B/1631